北大版短期培训汉语教材

原《走进中国》系列汉语教材全新修订版

MEETING CHINA
Basic Comprehensive Chinese

基础汉语　　汲传波　刘晓雨　编著

北京大学出版社
PEKING UNIVERSITY PRESS

U0362600

图书在版编目(CIP)数据

走进中国：基础汉语/汲传波,刘晓雨编著.—北京：北京大学出版社,2011.6
(北大版短期培训汉语教材)

ISBN 978-7-301-18917-7

Ⅰ．走… Ⅱ．①汲…②刘… Ⅲ．汉语—对外汉语教学—教材 Ⅳ．H195.4

中国版本图书馆 CIP 数据核字(2011)第 093018 号

书　　　　名：走进中国：基础汉语
著 作 责 任 者：汲传波　刘晓雨　编著
责 任 编 辑：宋立文
标 准 书 号：ISBN 978-7-301-18917-7/H · 2832
出 版 发 行：北京大学出版社
地　　　　址：北京市海淀区成府路 205 号　100871
网　　　　址：http://www.pup.cn　电子信箱：zpup@pup.pku.edu.cn
电　　　　话：邮购部 62752015　发行部 62750672　出版部 62754962　编辑部 62752028
印 刷 者：北京大学印刷厂
经 销 者：新华书店
　　　　　　787 毫米×1092 毫米　16 开本　8.75 印张　143 千字
　　　　　　2011 年 6 月第 1 版　2017 年 7 月第 2 次印刷
定　　　　价：32.00 元(附 MP3 盘 1 张)

前　言

随着中国社会经济的深入发展，到中国学习汉语的学生人数日益增多，其中既有学习半年以上的长期学习者，也有学习四周、六周、八周不等的短期学习者，而后者人数在近年迅猛增长，大有与前者平分秋色之势。

目前供短期汉语学习者使用的教材虽然出版了不少，但总的来看，在数量、品种和质量上都不能很好地满足教学需要，主要问题是分技能教材之间缺乏必要的内在联系，常常是两套马车，各走各的，以致影响教学效率；另外教材容量和层级划分不能满足当前短期汉语教学课型安排、授课时数、学生现有水平与学习需求等方面灵活多样的特点。有鉴于此，我们编写了这套全新的《走进中国》系列教材。

一、编写背景

这套教材在 1997 年版《走进中国》（初级本、中级本、高级本）系列教材基础上全新编写而成。

原版《走进中国》系列教材为综合技能教材。由于内容和形式适应时代需求，面世后广受欢迎，并很快形成品牌，至今仍被广泛使用。但毕竟语言教材时代性强，需适时更新，以新的理念和研究成果充实教材内容，并体现时代风貌。

2008 年 3 月北京大学出版社与原版《走进中国》的作者就汉语短期班，特别是假期班的教学召开专题研讨会，就新的教学需求和教材编写理念进行了磋商。新版《走进中国》的编写工作自此拉开了序幕。除原版教材的部分作者外，新加入的编写人员也都来自北京大学对外汉语教学第一线。我们的目的是与时俱进，拓宽视野，在保持原版教材基本特色的基础上，打破原有框架，在新的教学理念指导下编写一套能够适应当前短期班特点的新教材。

二、内容与教学建议

本套教材共 8 册，分为综合课本和口语课本两个系列，每个系列中包括基础、初级、中级和高级四个层次，同一层次的综合课本和口语课本在词汇、语法、话题等方面互为补充。

每册教学时间约为 40—60 学时，可用于 4—6 周全日制短期班，也可用于非全日制但学时较长的学生。基于短期学生学习时间集中，课外活动较多，预习复习时间不充裕等特点，我们进行了如下设计：

1. 课文：每册 12 课，每课建议授课 4 学时，一般为两次完成一课。综合系列基础和初级阶段课文为对话和语段；中高级阶段为语段。口语系列中级以下以情景为主线，功能融入其中，高级则场景与话题相结合。

2. 生词：综合系列基础级每课生词量平均为 15 个，高级为 30 个；口语系列相应减少 5 个左右。各册总词汇量逐级增加，从约 300 个到约 700 个。横向系列的生词重叠不超过 1/3。选词依据主要为汉语水平词汇大纲，也适当参考了近年统计的高频词和短期学生的生活实际。课后的补充词语未计入其中，教师可根据实际情况灵活要求。

3. 语言点：综合系列语言点从 1—2 到 4—5 个；口语采用句式练习的方式呈现，每课控制在 5 个以内。全部语言点均配英文翻译。

4. 练习：生词、课文、语言点后配专项练习，最后是针对全课的综合练习。教师可指导学生通过专项练习掌握要点，通过综合练习巩固提高。练习形式多为任务型，突出交际性，数量略多于上课实际需要，教师可适当取舍。

三、主要特色

1. 系统性

综合教材与口语教材相辅相成，既自成系列，又相互配合。层级细分，可满足不同的教学需要，便于分班授课。相邻的两本教材无论是在生词数量上还是在课文长度上，都努力做到自然衔接，尽量不出现台阶，以方便学习者连续学习。

2. 针对性

话题的确定建立在问卷调查的基础上，所选话题都是学生急需的、感兴趣的。课文以对话为主，注重词语和语法的学习，体现短期学习的特殊需求。

3. 实用性

话题、词语、语法点都是最常见的，学习以后可以直接用于日常生活交际。生词、语法不求深入系统，务求简明实用。

4. 实践性

所选话题源于生活，所设情景贴近生活。课文编排以对话为主，突出实践性，尽量与现实生活接轨，以便学习者学以致用。

5. 趣味性

对话的编写、阅读语料的选取，除考虑生活性、知识性、广泛性、可读性外，也重视趣味性，对话尽量生动活泼，语料尽可能丰富多彩，以便激发学习者的兴趣。练习除强调交际性以外，还有一些趣味性和游戏性的内容，尽量做到实用有趣。

教材总体策划为刘元满、杨德峰。他们设计编写方案，制定编写体例，并协调各册编者密切配合。综合系列由杨德峰统稿，口语系列由刘元满统稿。

本套教材获北京大学主干基础课教材立项。刘元满负责进行申报教材立项工作，并拟定教师和学生使用情况调查问卷。在编写过程中，整个团队在愉悦、高效的气氛中互相协作，比较充分地实现了最初的设计。此外，王玉在多个项目中组织问卷调查，王文龙整理会议记录，统计问卷结果。在教材试用过程中，他们联系打印社，保证了教学的正常使用。他们所做的工作琐碎繁杂而至关重要。

另外，在教材设计、编写及出版过程中，北京大学出版社沈浦娜主任和宋立文、孙娴、沈岚、贾鸿杰等位编辑多次参与研讨，提出不少宝贵意见。本册翻译由柳睿、潘滢承担。在此一并致谢。

本套教材 2009 年 6 月起在北京大学春季班和暑期班试用多次，根据师生反馈调整修改之后又在暑期班和春季班试用了两轮。经过一年多的打磨，现在终于付梓了。希望本套教材的出版为教师在教学时提供一个选择的机会。教材编写是一个系统工程，尽管我们倾注了大量的心血，但仍有遗憾和惋惜，不尽如人意之处还希望使用者多提宝贵意见，以便将来修订、完善，使之更趋成熟。

编　者

Preface

As China's economic development continues to progress on such an impressive scale, the number of students who have developed an interest in studying the Chinese language has also gradually increased. These students include those who remain for six months or longer to partake in the long-term Chinese language programs, as well as short-term students who attend the courses for four, six, or even eight weeks. In recent years we have witnessed a rapid increase for those in the latter category.

At present, teaching materials for those enrolled in the short-term Chinese language program remain abundant. However, the number, variety and quality of these materials are not sufficient in maximizing the learning potential of the students. Of greatest concern is the lack of consistency between the materials used to teach various language skills; oftentimes, there is a vast difference between what various teachers define as the most effective means of education. This has greatly impacted the degree of efficiency when teaching. Furthermore, the amount of content within the materials and the level of difficulty of the short-term Chinese language program have not adequately accommodated for factors prone to variation, such as the in-class arrangements, teaching hours, current level of the students and their learning needs. In view of this, we have compiled a brand new collection of teaching materials, the "Meeting China" series.

I. Background to the Creation of "Meeting China"

In 1997, the foundations for the materials of the "Meeting China" series (catering for elementary, intermediate and advanced levels) were compiled and established.

This original "Meeting China" series aimed to teach comprehensive language skills. As a result of the demands of the time, the series gained such immense popularity it became renowned in the world of education, and is still widely used today. However, the nature of language education is one that forever progresses; there is a constant need to update materials and enrich course content according to new ideas and research results, as well as the defining characteristics of the time.

In March 2008, Peking University Press and the author of the original "Meeting China" held a symposium regarding the short-term Chinese language program courses, with a particular focus on the holiday courses. Consultations about the new teaching requirements and ideas for teaching materials were also made. These meetings were to serve as the prelude to preparing the new edition of "Meeting China". Aside from the author of the preserved portion of the original materials, those who wrote the new materials are at the forefront of the School of Chinese as a Second Language at Peking University. Our aim is to advance with the times and broaden our horizons, while simultaneously preserving the remarkable foundations as established by the original teaching materials. In this way, we will transcend the original framework, following a new teaching philosophy to successfully compile a revolutionary set of teaching materials that adapt to the uniqueness of the current short-term language classes.

II. Content and Suggestions for Teaching

This set of teaching materials is comprised of a total of 8 volumes divided into two series of Comprehensive Chinese and Spoken Chinese books. Every series includes basic, elementary, intermediate and advanced levels; identical levels of comprehensive Chinese and spoken Chinese have complementary content in terms of vocabulary, grammar, topics etc.

Every book requires approximately 40-60 in-class teaching hours; this is suitable for teaching those in the full-time short-term courses, as well as those in courses of longer duration. Based on such factors as the number of learning hours required by the short-term language course students, the greater number of hours dedicated to extra-curricular activities, and insufficient time allocated to previewing and reviewing class material, we recommend the following lesson plan:

1. Texts: Every book contains 12 lessons; we suggest that each lesson is taught within 4 class hours so that one lesson is completed every two classes. The basic and elementary stages of the Comprehensive Chinese series focus on dialogue and discourse, while the intermediate and advanced stages simply focus on discourse. Intermediate stages and below in the Spoken Chinese series include the importance of context and functional integration; the texts of advanced stages also include a combination of topics and situations.

2. Vocabulary: Basic level books of the Comprehensive Chinese series contain an equal number of 15 new vocabulary items in each lesson, while advanced level books contain 30 in each lesson. Books of the corresponding levels in the Spoken Chinese series have approximately 5 less new vocabulary items. Generally speaking, every book will see the students increasing their vocabulary by approximately 300 to 700 words. The number of overlapping vocabulary items between each successive level does not exceed one third. The vocabulary items were chosen based mainly on the Outline of Chinese Vocabulary and Chinese Characters Level; this selection was also based on recent statistics which revealed the words most frequently used by short-term language program students in their daily lives. If there are new items that are not explained in the text, the teacher is free to adapt to the demands of the situation and supplement the lesson.

3. Grammar points: The Comprehensive Chinese series contain 1-2 to 4-5 grammar points each lesson. Those in the Spoken Chinese series are presented via practising sentence formation, where every lesson includes at most 5 points. All grammar points are accompanied by an English translation.

4. Practice: The new vocabulary items, texts, grammar points of each lesson are followed by suitable exercises and concluded with comprehensive practice exercises that reinforce the content that was taught. Through these practice exercises, teachers can highlight which aspects to master; comprehensive practice exercises will further consolidate the increased proficiency of the students. Forms of practice are mainly task-based, highlighting the importance of communication in situations beyond the classroom context. The appropriateness of these activities may be determined by the teacher.

III. The Main Features

1. Systematic

Comprehensive Chinese and Spoken Chinese books are complementary. Not only can each be taught in a series, but also collaboratively. Levels and subdivisions satisfy the needs of different teaching styles and make separating classes easier. In regards to the teaching materials, whether it is the amount of new vocabulary words or the length of the texts, it is possible to achieve a natural integration into daily life, ensuring students do not try to avoid studying and facilitating continuous learning.

2. Targeted

Topics will be determined by the results of a questionnaire, selected based on the students' needs and interests. Text and dialogue are top priority. They focus on vocabulary and grammar, reflecting the special demands of short-term learning.

3. Functionality

Topics, vocabulary words, and grammar points are most commonly discussed in class and can be used for everyday communication. It is important to know the clear and concise function of the vocabulary words and grammar patterns rather than have a deep and thorough categorization.

4. Put into practice

Selected topics and situations come from real life scenarios. The text layout is based on dialogues that highlight the practicality of the text and integrate with real life, so students apply what they have learned.

5. Interesting

In addition to the dialogues written in the teaching materials, the selection of written materials, and the considerations of life, knowledge, breadth, and readability, we have made an effort to incorporate fun and lively conversations into the learning materials, making the texts as rich and varied as possible, in order to stimulate the students' interest. In addition to emphasizing communicative practice, there are a number of interesting games, so learning the materials will be as interesting as possible.

Liu Yuanman and Yang Defeng made the overall design for the teaching materials. They write programs designed to develop new writing styles and formats and coordinate closely with the compilers. Yang Defeng drafted the comprehensive series while Liu Yuanman drafted the spoken series.

Our textbooks have been a part of Peking University's arsenal for generalized subject courses. Liu Yuanman is responsible for setting up the project regarding the teaching materials, and for formulating the condition of service questionnaire for teachers and students. During the preparation process, the entire team worked in a pleasant and efficient atmosphere, collaborating with each other to achieve their original design. In addition, Wang Yu organized several survey projects while Wang Wenlong organized notes from their meetings, calculated the results of the questionnaires. During the textbooks' trial process, they contacted the printing company to ensure normal usage of the teaching materials. Their work is tedious, complex, and essential to the production of this textbook.

In addition, I would like to thank the director of Peking University Press Shen Puna, and Song Liwen, Sun Xian, Shen Lan, Jia Hongjie, and other editors who, during the designing, writing and publishing process, participated in discussions, and made many valuable suggestions. I would also like to thank Liu Rui and Pan Ying, who translated this volumn.

From June 2009, Peking University used this set of materials on a trial basis during the spring, summer quarters several times. After adjusting and modifying the material according to professors' and students' feedback, this set of materials was used twice more during the summer and spring quarters. After a year of polishing the material, it is finally ready for publication. We hope that the publication of this set of materials will provide the educators a choice in teaching materials. Writing textbooks is a systematic process. Even though we put in a lot of hard work, we still have regrets. We gladly welcome suggestions from anyone using the series, so we may make improvements and perfect the materials.

Compilers

略 语 表
Abbreviations

名	名词	míngcí	noun
代	代词	dàicí	pronoun
动	动词	dòngcí	verb
助动	助动词	zhùdòngcí	auxiliary
形	形容词	xíngróngcí	adjective
数	数词	shùcí	numeral
量	量词	liàngcí	measure word
副	副词	fùcí	adverb
介	介词	jiècí	preposition
连	连词	liáncí	conjunction
助	助词	zhùcí	particle
叹	叹词	tàncí	interjection
拟声	拟声词	nǐshēngcí	onomatopoeia
头	词头	cítóu	prefix
尾	词尾	cíwěi	suffix

目　录
Contents

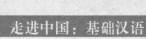

第一课　我是第一次来中国
Lesson 1　This is my first time to China

读一读，然后说一说你是哪国人。

Read and talk about where you are from.

大卫 (Dàwèi，David)		美国人 (Měiguórén，American)
老师 (lǎoshī，teacher)	是 (shì，to be)	中国人 (Zhōngguórén，Chinese)
我 (wǒ，I)		

1.我	wǒ	代	I; me
2.是	shì	动	be; yes
3.第	dì	头	prefix
4.一	yī	数	one

5. 次	cì	量	a measure word for times
6. 来	lái	动	come
7. 同学	tóngxué	名	a form of address used in speaking to students
8. 们	men	尾	used after pronouns 我, 你, 他 or certain nouns to denote plural
9. 好	hǎo	形	good
10. 叫	jiào	动	call
11. 你	nǐ	代	you
12. 的	de	助	a possessive or modifying particle
13. 老师	lǎoshī	名	teacher
14. 什么	shénme	代	what
15. 名字	míngzi	名	name
16. 您	nín	代	you（polite form）
17. 人	rén	名	people
18. 吗	ma	助	interrogative particle for question expecting yes-no answer
19. 不	bù	副	not
20. 他	tā	代	he; him

专有名词　Proper nouns

1. 中国	Zhōngguó	China
2. 王	Wáng	a surname
3. 王平	Wáng Píng	name of a person
4. 大卫	Dàwèi	（name of a person）David
5. 英国	Yīngguó	Britain
6. 美国	Měiguó	USA
7. 汉语	Hànyǔ	Chinese

词语练习

一、词语拼音连线　　Match

我	jiào	人	cì
叫	wǒ	第	lái
是	bù	次	rén
不	shì	来	dì

二、词语连线　　Match

老	学	什	字
同	们	名	国
你	师	美	么

课　文

(第一次上课　In the first class)

王老师：同学们好！我叫王平，是你们的老师。（问大卫
　　　　To David）你好！你叫什
　　　　么名字？

大　卫：您好！我叫大卫。

王老师：你是英国人吗？

大　卫：我不是英国人，我是美
　　　　国人。

王老师：你是第一次来中国吗？

大　卫：是，我是第一次来中国。

Wáng lǎoshī：Tóngxuémen hǎo！Wǒ jiào Wáng Píng，shì
　　　　　　nǐmen de lǎoshī.（Wèn Dàwèi）Nǐ hǎo！Nǐ jiào
　　　　　　shénme míngzi?

Dàwèi：Nín hǎo！Wǒ jiào Dàwèi.

Wáng lǎoshī：Nǐ shì Yīngguórén ma?

Dàwèi：Wǒ bú shì Yīngguórén, wǒ shì Měiguórén.

Wáng lǎoshī：Nǐ shì dì yī cì lái Zhōngguó ma?

Dàwèi：Shì, wǒ shì dì yī cì lái Zhōngguó.

　　大卫是美国人，他是第一次来中国，他的汉语老师叫王平。
　　Dàwèi shì Měiguórén, tā shì dì yī cì lái Zhōngguó, tā de
Hànyǔ lǎoshī jiào Wáng Píng.

课文练习 　*Text Exercises*

一、根据课文完成对话
Complete the dialogue according to the text

王老师：同学们　　　好！我（　　）王　平，是　你们
　　　　Tóngxuémen hǎo！Wǒ（　　）Wáng Píng, shì nǐmen
　　　　的　老师。你好！你　叫　什么　（　　）?
　　　　de lǎoshī. Nǐ hǎo！Nǐ　jiào shénme（　　）?

大　卫：您　（　　）! 我（　　）大卫。
　　　　Nín（　　）! Wǒ（　　）Dàwèi.

王老师：你是　英国人　（　　）?
　　　　Nǐ shì Yīngguórén（　　）?

大　卫：我（　　）是　英国人，我（　　）美国人。
　　　　Wǒ（　　）shì Yīngguórén, wǒ（　　）Měiguórén.

王老师：你　是　第　一　次　来　中国　（　　）?
　　　　Nǐ shì dì yī cì lái Zhōngguó（　　）?

大 卫：是，我 是 第 一 次 来 中国。
　　　Shì, wǒ shì dì yī cì lái Zhōngguó.

二、根据课文内容，介绍大卫
Introduce David according to the text

大卫　是（　　　），他 是（　　　）来　中国，他 的
Dàwèi shì（　　　），tā shì（　　　）lái Zhōngguó tā de

汉语　老师（　）王　平。
Hànyǔ lǎoshī（　）Wáng Píng.

Language Points　语 言 点

一、同学们好

■ "……好" 是打招呼常用的句式。如：
"……好" is a commonly used sentence pattern of salutation. For example:

(1) 老 师：同学们好！
　　Lǎoshī：Tóngxuémen hǎo！
　　同学们：老师好！
　　Tóngxuémen：Lǎoshī hǎo！

(2) 大 卫：你好！
　　Dàwèi：Nǐ hǎo！
　　李 娜：你好！
　　Lǐ Nà：Nǐ hǎo！

(3) 学 生 (xuésheng, student)：您好！
　　Xuésheng： Nín hǎo！
　　老 师：你好！
　　Lǎoshī：Nǐ hǎo！

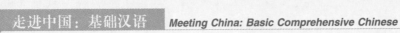

■ **注意**："您（好）"是一种敬称，表示尊敬。

Tips: "您（好）" is a polite expression used to show respect.

◆ **完成对话　Complete the Dialogues**

  （1）老　师：同学们好！
    Lǎoshī: Tóngxuémen hǎo!
    学　生：＿＿＿＿＿＿＿！
    Xuésheng

  （2）老　师：你好！
    Lǎoshī: Nǐ hǎo!
    学　生：＿＿＿＿＿＿＿！
    Xuésheng

  （3）学　生：你好！
    Xuésheng: Nǐ hǎo!
    学　生：＿＿＿＿＿＿＿！
    Xuésheng

二、我是美国人

是字句 "是" sentences	A	（不）	是	B	（吗）
肯定形式 Affirmative form	大卫 Dàwèi		是 shì	美国人。 Měiguórén.	
	我 wǒ		是 shì	第一次来中国。 dì yī cì lái Zhōngguó.	
否定形式 Negative form	大卫 Dàwèi	不 bú	是 shì	英国人。 Yīngguórén.	
疑问形式 Interrogative form	你 Nǐ		是 shì	英国人 Yīngguórén	吗? ma?

■ "是" 字疑问句的肯定和否定回答见下面的表格：

The affirmative answer and the negative answer of interrogative sentences with "是" structure as follows:

疑问 Question	肯定回答 Affirmative answer
你是英国人吗？ Nǐ shì Yīngguórén ma?	是。 Shì.
	是，我是英国人。 Shì, wǒ shì Yīngguórén.
	我是英国人。 Wǒ shì Yīngguórén.
疑问 Question	否定回答 Negative answer
你是英国人吗？ Nǐ shì Yīngguórén ma?	不是，我是美国人。 Bú shì, wǒ shì Měiguórén.
	我不是英国人，我是美国人。 Wǒ bú shì Yīngguórén, wǒ shì Měiguórén.

1. 根据例句和图片造句

Make sentences according to the examples and pictures

大卫是美国人。　　　Dàwèi shì Měiguórén.

王老师是中国人。　　　Wáng lǎoshī shì Zhōngguórén.

 (Rìběn, Japan)
日本

 (Hánguó, Korea)
韩国

（1）山本（Shānběn）_____。

（2）朴美娜（Piáo Měinà）_____。

2. 把 "是" 字肯定句变成相应的否定句

Change the affirmative sentences into the corresponding negative sentences

(1) 大卫是英国人。

　　Dàwèi shì Yīngguórén.

　　_____

(2) 王老师是美国人。

　　Wáng lǎoshī shì Měiguórén.

　　_____

(3) 山本是韩国人。

　　Shānběn shì Hánguórén.

　　_____

(4) 朴美娜是日本人。

　　Piáo Měinà shì Rìběnrén.

　　_____

3. 完成对话　Complete the dialogues

(1) A：_____?

　　B：李娜不是日本人，李娜是美国人。

　　　Lǐ Nà bú shì Rìběnrén, Lǐ Nà shì Měiguórén.

(2) A：_____?

　　B：山本不是老师，山本是学生。

　　　Shānběn bú shì lǎoshī, Shānběn shì xuésheng.

(3) A：_____?

　　B：是，朴美娜是韩国人。

　　　Shì, Piáo Měinà shì Hánguórén.

(4) A：_____?

　　B：是，我是第一次来北京大学 (Peking University)。

　　　Shì, wǒ shì dì yī cì lái Běijīng Dàxué.

Comprehensive Exercises 综合练习

一、A 用"是"字句提问，B 用"是"字句的肯定形式或否
定形式回答
A raises the question with "是" structure，and B answers with
"是" structure in affirmative or negative forms

1.

美国（Měiguó）   中国（Zhōngguó）

（1）A：你＿＿＿＿＿＿＿＿＿＿＿＿？

B：我＿＿＿＿＿＿＿＿＿＿＿＿。（affirmative answer）

（2）A：你＿＿＿＿＿＿＿＿＿＿＿＿？

B：我＿＿＿＿＿＿＿＿＿＿＿＿。（negative answer）

2.

咖啡（kāfēi，coffee）   茶（chá，tea）

（1）A：这（zhè，this）是＿＿＿＿＿＿＿＿？

B：＿＿＿＿＿＿＿＿＿＿＿。（affirmative answer）

（2）A：那（nà，that）是＿＿＿＿＿＿＿＿？

B：＿＿＿＿＿＿＿＿＿＿＿。（negative answer）

二、根据你的真实情况完成对话
Complete the dialogue based on your own situation
A：＿＿＿＿＿＿＿＿＿＿＿＿？

B：我叫＿＿＿＿＿＿＿＿＿＿＿＿＿＿＿＿＿＿。

Wǒ jiào

A：你是美国人吗？

Nǐ shì Měiguórén ma?

B：＿＿＿＿＿＿＿＿＿＿＿＿＿＿＿＿＿＿＿＿。

A：你是第一次来中国吗？

Nǐ shì dì yī cì lái Zhōngguó ma?

B：＿＿＿＿＿＿＿＿＿＿＿＿＿＿＿＿＿＿＿＿。

三、根据第二题的回答，作自我介绍

Make a self-introduction based on the answers above

四、写汉字　Write the Chinese characters

第二课　我的班级
Lesson 2　My class

老师给每位同学一张纸条，上面写着一个别的同学的名字。

Teacher gives each student a slip with a name of other students on.

任务：寻找你手里拿的那个名字是谁。用简单的问句，如"你是……吗？""……是你的名字吗？"等。当找到那个同学的时候，把他（/ 她）介绍给大家。

Task: find out whose name it is on your slip by asking questions such as "Are you...?", "Is your name...?", etc.. When you find that classmate, please introduce him/her to others.

Words & Phrases 词　　语

1. 班（级）	bān(jí)	名	class
2. 那	nà	代	that
3. 个	gè	量	a measure word for general use
4. 谁	shuí	代	who; whom
5. 哪	nǎ	代	which

6. 国	guó	名	country
7. 这	zhè	代	this
8. 几	jǐ	数	how many; how much
9. 二	èr	数	two
10. 同桌	tóngzhuō	名	classmate sharing the same desk
11. 姓	xìng	动	be surnamed
12. 她	tā	代	she; her
13. 朋友	péngyou	名	friend
14. 向	xiàng	介	towards
15. 介绍	jièshào	动	introduce
16. 也	yě	副	also; too

专有名词　Proper nouns

1. 山本	Shānběn	name of a person
2. 日本	Rìběn	Japan
3. 李	Lǐ	a surname
4. 李娜	Lǐ Nà	name of a person

词语练习　*Word Exercises*

一、词语拼音连线　Match

那	hǎo
谁	nà
哪	shuí
姓	nǎ
好	xìng

二、词语连线　Match

班	绍
同	友
朋	学
介	级

Text | 课 文

（大卫向老师介绍自己的同学　David is introducing his classmates to his teacher）

老　师：（指着山本问大卫　Ask David pointing at Yamamoto）那个
　　　　同学是谁？

大　卫：他是山本。

老　师：他是哪国人？

大　卫：他是日本人。

老　师：这是他第几次来中国？

大　卫：这是他第二次来中国。

老　师：你的同桌姓什么？

大　卫：她姓李，叫李娜。

老　师：她是哪国人？

大　卫：她是美国人，是我
　　　　的好朋友。

Lǎoshī：（Zhǐzhe Shānběn wèn Dàwèi）Nà ge tóngxué shì shuí?

Dàwèi：Tā shì Shānběn.

Lǎoshī：Tā shì nǎ guó rén?

Dàwèi：Tā shì Rìběnrén.

Lǎoshī：Zhè shì tā dì jǐ cì lái Zhōngguó?

Dàwèi：Zhè shì tā dì èr cì lái Zhōngguó.

Lǎoshī：Nǐ de tóngzhuō xìng shénme?

Dàwèi：Tā xìng Lǐ, jiào Lǐ Nà.

Lǎoshī：Tā shì nǎ guó rén?

Dàwèi：Tā shì Měiguórén, shì wǒ de hǎo péngyou.

　　大卫向老师介绍他的同学。山本是日本人，这是他第二次来中国。大卫的同桌姓李，叫李娜，她也是美国人，是大卫的好朋友。

　　Dàwèi xiàng lǎoshī jièshào tā de tóngxué. Shānběn shì Rìběnrén, zhè shì tā dì èr cì lái Zhōngguó. Dàwèi de tóngzhuō xìng Lǐ, jiào Lǐ Nà, tā yě shì Měiguórén, shì Dàwèi de hǎo péngyou.

课文练习　　**Text Exercises**

一、根据课文完成对话

Complete the dialogue according to the text

老　师：那个　同学　是（　　）?

　　　　Nà ge tóngxué shì（　　）?

大　卫：他　是　山本。

　　　　Tā shì Shānběn.

老　师：他　是（　　）国　人?

　　　　Tā shì（　　）guó rén?

大　卫：他　是　日本人。

　　　　Tā shì Rìběnrén.

老　师：这　是　他　第（　　）次　来　中国?

　　　　Zhè shì tā dì（　　）cì lái Zhōngguó?

大 卫：这 是 他第二次来   中国。
Zhè shì tā dì èr cì lái Zhōngguó.

老 师：你的   同桌 姓 （   )?
Nǐ de tóngzhuō xìng （   )?

大 卫：她 姓 李，叫 李娜。
Tā xìng Lǐ, jiào Lǐ Nà.

老 师：她 是 （   ) 国 人?
Tā shì （   ) guó rén?

大 卫：她 是 美国人， 是 我 的 好   朋友。
Tā shì Měiguórén, shì wǒ de hǎo péngyou.

二、根据课文内容，介绍大卫的班级

Describe David's class according to the text

大卫   向 老师 介绍 他的 班级。山本 （   ） 日本人，
Dàwèi xiàng lǎoshī jièshào tā de bānjí. Shānběn（   ）Rìběnrén,

这 是 他第 （   ) 次来 中国。 大卫 的 同桌 （   ）
zhè shì tā dì （   ) cì lái Zhōngguó. Dàwèi de tóngzhuō（   ）

李，叫 李娜，她 也是 美国人， 是 大卫 的 （   ）。
Lǐ, jiào Lǐ Nà, tā yě shì Měiguórén, shì Dàwèi de （   ）.

Language Points 语言点

一、那个同学是谁

■ 汉语特殊疑问句在语序上和肯定句没有大的变化，只是在需要提问的地方换了一个疑问词，句末用问号。如：
Special questions in Chinese do not change much from its affirmative forms in the sentence order; it only changes the part that needs asking with an interrogative word and uses the question mark in the end. For example:

主语 Subject	谓语 Predicate		
那个同学 Nà ge tóngxué	是 shì	谁· shuí	? ?
他们 Tāmen	是 shì	哪· nǎ	国人? guó rén?
你的老师 Nǐ de lǎoshī	姓 xìng	什么· shénme	? ?
这 Zhè	是 他 shì tā	第几次· dì jǐ cì	来中国? lái Zhōngguó?

又如：Other examples：

(1) 他是王老师。

Tā shì Wáng lǎoshī.

——他是谁？

——Tā shì shuí?

(2) 大卫是美国人。

Dàwèi shì Měiguórén.

——大卫是哪国人？

——Dàwèi shì nǎ guó rén?

(3) 他姓王。

Tā xìng Wáng.

——他姓什么？

——Tā xìng shénme?

(4) 这是他第二次来中国。

Zhè shì tā dì èr cì lái Zhōngguó.

——这是他第几次来中国？

——Zhè shì tā dì jǐ cì lái Zhōngguó?

■ **注意**：用"几"一般可以问一到十之间的数目。

Tips: "几" can only be used in asking numbers from one to ten.

◆ **1—10 的读法 Telling the numbers 1—10**

1	2	3	4	5	6	7	8	9	10
yī	èr	sān	sì	wǔ	liù	qī	bā	jiǔ	shí

1. 替换练习   Substitute

你	
他	是谁？
那个同学	

这是他		来中国	
你是	第几次	来北京大学	？
你的同桌是		来北京 (Běijīng, capital of China)	

王老师是		国人	
你是	哪	个班的学生	？
你喜欢 (xǐhuan, like)		个汉字 (Hànzì, Chinese character)	

你姓	
这是	什么？
那是	

2. 根据真实情况完成对话
Complete the dialogues based on real situation

(1) A：你的同桌是谁？

Nǐ de tóngzhuō shì shuí?

B：_____。

(2) A：你是第几次来中国？

Nǐ shì dì jǐ cì lái Zhōngguó?

B：_____。

(3) A：你是哪国人？

Nǐ shì nǎ guó rén?

B：_____。

(4) A：你的老师姓什么？

Nǐ de lǎoshī xìng shénme?

B：_____。

3. 用所给的疑问代词提问
Raise questions with the given interrogative pronouns

(1) A：_____？（谁）

B：我的同屋（roommate）是山本。

Wǒ de tóngwū shì Shānběn.

(2) A：_____？（几）

B：这是我第二次去（go）上海（a city of China）。

Zhè shì wǒ dì èr cì qù Shànghǎi.

(3) A：_____？（哪）

B：我的同屋是日本人。

Wǒ de tóngwū shì Rìběnrén.

(4) A：_____？（什么）

B：我的爸爸（dad）叫李国。

Wǒ de bàba jiào Lǐ Guó.

二、定语 Attribute

■ 汉语中定语的位置是在中心语的前面，有的加标记词"的"，有的不加"的"，有的可加可不加。如：

The attributes in Chinese are placed before the central word. Some of them are with the mark "的", some are not, and some can be in either form. For example:

(1) 李娜的老师叫王平。

Lǐ Nà de lǎoshī jiào Wáng Píng.

(2) 这是我的书（book）。

Zhè shì wǒ de shū.

(3) 这是汉语书，那是口语（spoken language）书。

Zhè shì Hànyǔshū, nà shì kǒuyǔshū.

(4) 我是美国人，他是日本人。

Wǒ shì Měiguórén, tā shì Rìběnrén.

(5) 我（的）爸爸是中国人。

Wǒ (de) bàba shì Zhōngguórén.

(6) 她（的）妈妈（mum）是法国人（French）。

Tā (de) māma shì Fǎguórén.

◆ 完成对话 Complete the dialogues

(1) A：大卫，这是你的书吗？

Dàwèi, zhè shì nǐ de shū ma?

B：_____。

(2) A：那个人是谁？

Nà ge rén shì shuí?

B：她_____妈妈。

Tā_____māma.

(3) A：他是你的老师吗？

　　　　Tā shì nǐ de lǎoshī ma?

B：_____。

(4) A：_____?

B：我的同屋叫李娜。

　　　　Wǒ de tóngwū jiào Lǐ Nà.

三、也

■ "也"表示类同，放在句子的谓语前，主语后。

"也" is used to indicate categorical similarities. "也" is placed between the subject and the predicate.

主语 Subject		谓语 Predicate
我 Wǒ		是美国人。 shì Měiguórén.
他 Tā	也 yě	姓王。 xìng Wáng.
她 Tā		不是老师。 bú shì lǎoshī.

◆ 把"也"放到句子合适的位置

Place "也" in a proper position in the sentences

(1) 我是日本人，他是日本人。

　　　Wǒ shì Rìběnrén, tā shì Rìběnrén.

(2) 这不是汉语书，那不是汉语书。

　　　Zhè bú shì Hànyǔshū, nà bú shì Hànyǔshū.

(3) 他姓王，他的妻子（wife）姓王。

　　　Tā xìng Wáng, tā de qīzi xìng Wáng.

(4) 我喜欢北京，喜欢上海。

　　　Wǒ xǐhuan Běijīng, xǐhuan Shànghǎi.

Comprehensive Exercises　综合练习

一、两个同学一组，A用"谁""几""哪""什么"向B
　　提问题
　　Work in pairs. A asks B in structures with "谁"，"几"，"哪" or
　　"什么"
　　例如：For example:
　　他是谁？他是第几次来中国？他是哪国人？他叫什么名字？

二、根据第二题的回答，介绍你的同学
　　Introduce your classmate based on the answers above

三、写汉字　Write the Chinese characters

  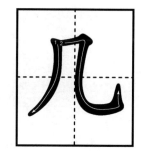

第三课　这是我的房间
Lesson 3　This is my room

看图认读词语。Look at the pictures and read the words.

电视（diànshì）

衣柜（yīguì）

冰箱（bīngxiāng）

洗衣机（xǐyījī）

空调（kōngtiáo）

床（chuáng）

台灯（táidēng）

电脑（diànnǎo）

桌子（zhuōzi）/ 椅子（yǐzi）

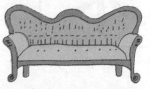

沙发（shāfā）

Words & Phrases 词 语

1. 房间	fángjiān	名	room
2. 住	zhù	动	live
3. 在	zài	介	in; at
4. 哪儿	nǎr	代	where
5. 学校	xuéxiào	名	school
6. 宿舍	sùshè	名	dormitory
7. 大	dà	形	big
8. 很	hěn	副	very
9. 有	yǒu	动	have
10. 两	liǎng	数	two
11. 张	zhāng	量	a measure word
12. 床	chuáng	名	bed
13. 衣柜	yīguì	名	wardrobe
14. 桌子	zhuōzi	名	desk
15. 还	hái	副	also
16. 台	tái	量	a measure word
17. 电视	diànshì	名	TV
18. 冰箱	bīngxiāng	名	fridge
19. 没有	méiyǒu	动	not have; there is not
20. 呢	ne	助	a modal particle used for elliptical questions
21. 都	dōu	副	both; all

词语练习 *Word Exercises*

一、词语拼音连线　Match

住	zài		张	yě
在	liǎng		床	zhāng
大	zhù		也	dōu
两	dà		都	chuáng

二、词语连线　Match

房	舍
学	间
宿	柜
衣	校
电	箱
冰	视

课　文 *Text*

（大卫向李娜介绍他的宿舍　David is introducing his dorm to Li Na）

李　娜：大卫，你住在哪儿？

大　卫：我住在学校的宿舍。

李　娜：房间大吗？

大　卫：房间很大。

李　娜：你的房间有什么？

大　卫：我的房间有两张床，两个衣柜，两张桌子，还有一台电视。

李　娜：你的房间有冰箱吗？

大　卫：没有。你的房间呢？

李　娜：我的房间不大，也没有
　　　　冰箱。你的同屋是美国
　　　　人吗？

大　卫：他不是美国人，他是日
　　　　本人。

Lǐ Nà：　Dàwèi, nǐ zhù zài nǎr?

Dàwèi：Wǒ zhù zài xuéxiào de sùshè.

Lǐ Nà：　Fángjiān dà ma?

Dàwèi：Fángjiān hěn dà.

Lǐ Nà：　Nǐ de fángjiān yǒu shénme?

Dàwèi：Wǒ de fángjiān yǒu liǎng zhāng chuáng, liǎng ge yīguì,
　　　　liǎng zhāng zhuōzi, hái yǒu yì tái diànshì.

Lǐ Nà：　Nǐ de fángjiān yǒu bīngxiāng ma?

Dàwèi：Méiyǒu. Nǐ de fángjiān ne?

Lǐ Nà：　Wǒ de fángjiān bú dà, yě méiyǒu bīngxiāng. Nǐ de
　　　　tóngwū shì Měiguórén ma?

Dàwèi：Tā bú shì Měiguórén, tā shì Rìběnrén.

　　大卫住在学校的宿舍，他的房间很大，有两张床，两
个衣柜，两张桌子，还有一台电视。李娜的房间不大，她
和大卫的房间都没有冰箱。大卫的同屋是日本人。

　　Dàwèi zhù zài xuéxiào de sùshè, tā de fángjiān hěn dà,
yǒu liǎng zhāng chuáng, liǎng ge yīguì, liǎng zhāng zhuōzi,
hái yǒu yì tái diànshì. Lǐ Nà de fángjiān bú dà, tā hé Dàwèi de
fángjiān dōu méiyǒu bīngxiāng. Dàwèi de tóngwū shì Rìběnrén.

课文练习　Text Exercises

一、根据课文完成对话

Complete the dialogue according to the text

李　娜：大卫，你住在（　　）?
　　　　Dàwèi, nǐ zhù zài（　　）?

大　卫：我住在学校的宿舍。
　　　　Wǒ zhù zài xuéxiào de sùshè.

李　娜：房间大（　　）?
　　　　Fángjiān dà（　　）?

大　卫：房间不大。
　　　　Fángjiān bú dà.

李　娜：你的房间有（　　）?
　　　　Nǐ de fángjiān yǒu（　　）?

大　卫：我的房间（　　）两张床，两个
　　　　Wǒ de fángjiān（　　）liǎng zhāng chuáng, liǎng ge
　　　　衣柜，两张桌子，还有一台电视。
　　　　yīguì, liǎng zhāng zhuōzi, hái yǒu yì tái diànshì.

李　娜：你的房间有冰箱吗？
　　　　Nǐ de fángjiān yǒu bīngxiāng ma?

大　卫：（　　）。你的房间呢？
　　　　（　　）. Nǐ de fángjiān ne ?

李　娜：我的房间不大，（　　）没有冰箱。
　　　　Wǒ de fángjiān bú dà,（　　）méiyǒu bīngxiāng.
　　　　你的同屋是美国人吗？
　　　　Nǐ de tóngwū shì Měiguórén ma?

大　卫：他（　　）是美国人，他是日本人。
　　　　Tā（　　）shì Měiguórén, tā shì Rìběnrén.

二、根据课文内容，介绍大卫和李娜房间的情况
Describe the rooms of both David and Li Na according to the text

大卫　住（　　）学校　的宿舍，他的　房间（　　），有

Dàwèi zhù（　　）xuéxiào de sùshè, tā de fángjiān（　），yǒu

两　（　　）床，　　两个衣柜，两　张　桌子，还有一

liǎng（　　）chuáng, liǎng ge yīguì, liǎng zhāng zhuōzi, hái yǒu yì

（　　）电视。李娜的　房间　不大，她和大卫的　　房间

（　　）diànshì. Lǐ Nà de fángjiān bú dà, tā hé Dàwèi de fángjiān

（　　）没有　冰箱。　大卫　的（　　）是　日本人。

（　　）méiyǒu bīngxiāng. Dàwèi de（　　）shì Rìběnrén.

▶ ────────────────────────────── Language Points　语 言 点

一、形容词谓语句　Sentences with an adjectival predicate

■ 汉语里，形容词或形容词短语可以直接做谓语，前面不需要用动词"是"。注意，形容词谓语句中的谓语一般是形容词短语，很少用单个的形容词。否定形式在形容词或短语之前加"不"。如：
In Chinese, adjectives or adjectival phrases can be used as predicate without the verb "是" ahead. Tips: the predicate in sentences with an adjectival predicate is usually an adjectival phrase, and is seldomly a single adjective. The negative form is with "不" followed by the adjective or the adjectival phrase. For example:

(1) 房间很大。
Fángjiān hěn dà.

(2) 房间不大。
Fángjiān bú dà.

（3）我哥哥（elder brother）很高（high，tall）。

　　Wǒ gēge hěn gāo.

（4）我弟弟（younger brother）不高。

　　Wǒ dìdi bù gāo.

◆ **完成对话　Complete the dialogues**

（1）A：你的宿舍大吗？

　　　Nǐ de sùshè dà ma?

　　B：_____。

（2）A：他的房间好吗？

　　　Tā de fángjiān hǎo ma?

　　B：_____。

（3）A：你的朋友多（many）吗？

　　　Nǐ de péngyou duō ma?

　　B：_____。

（4）A：这台电视贵（expensive）吗？

　　　Zhè tái diànshì guì ma?

　　B：_____。

二、"有"字句　"有" Sentences

■ "有"字句的肯定形式：

The affirmative form of "有" structure:

（1）我有一台电视。

　　Wǒ yǒu yì tái diànshì.

■ "有"字句的否定形式，用"没有"：

"没有" is used in the negative form of "有" structure:

（2）我没有电视。

　　Wǒ méiyǒu diànshì.

■ "有"字句的疑问形式有两种，一般疑问形式直接加"吗"，特殊疑问形式用"什么""几""多少"。如：

The interrogative form of "有" structure has two patterns: general questions plus "吗" in the end; special questions with "什么", "几" and "多少". For example:

（3）你有电视吗？
Nǐ yǒu diànshì ma?

（4）大卫的房间有什么？
Dàwèi de fángjiān yǒu shénme?

（5）你有几台电视？
Nǐ yǒu jǐ tái diànshì?

（6）你们班有多少人？
Nǐmen bān yǒu duōshao rén?

1. 把"有"字肯定句变成相应的否定句
Change the affirmative "有" structures to the corresponding negative forms

（1）我的房间有两张桌子。
Wǒ de fángjiān yǒu liǎng zhāng zhuōzi.

_____

（2）他有哥哥。
Tā yǒu gēge.

_____

（3）大卫有一台冰箱。
Dàwèi yǒu yì tái bīngxiāng.

_____

（4）我有朋友。
Wǒ yǒu péngyou.

_____

2. 完成对话　Complete the dialogues

(1) A：你有电脑吗？

　　　Nǐ yǒu diànnǎo ma?

　　B：＿＿＿＿＿＿＿＿＿＿＿＿。

(2) A：你有几个好朋友？

　　　Nǐ yǒu jǐ ge hǎo péngyou?

　　B：＿＿＿＿＿＿＿＿＿＿＿＿。

(3) A：你有弟弟吗？

　　　Nǐ yǒu dìdi ma?

　　B：＿＿＿＿＿＿＿＿＿＿＿＿。

(4) A：你们班有日本人吗？

　　　Nǐmen bān yǒu Rìběnrén ma?

　　B：＿＿＿＿＿＿＿＿＿＿＿＿。

3. 用"有"提问　Raise questions with "有"

(1) A：＿＿＿＿＿＿＿＿＿＿＿＿？

　　B：我有哥哥。

　　　Wǒ yǒu gēge.

(2) A：＿＿＿＿＿＿＿＿＿＿＿＿？

　　B：大卫有同屋。

　　　Dàwèi yǒu tóngwū.

(3) A：＿＿＿＿＿＿＿＿＿＿＿＿？

　　B：我没有中国朋友。

　　　Wǒ méiyǒu Zhōngguó péngyou.

(4) A：＿＿＿＿＿＿＿＿＿＿＿＿？

　　B：我的房间有两张床。

　　　Wǒ de fángjiān yǒu liǎng zhāng chuáng.

三、汉语中的数字　The numbers in Chinese

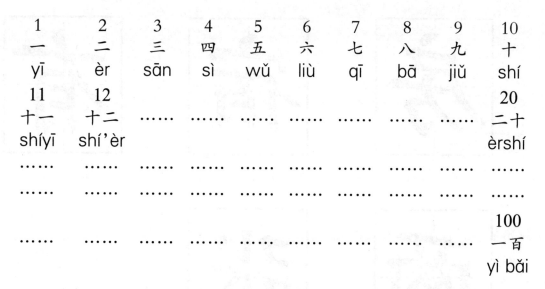

1	2	3	4	5	6	7	8	9	10
一	二	三	四	五	六	七	八	九	十
yī	èr	sān	sì	wǔ	liù	qī	bā	jiǔ	shí

11	12								20
十一	十二	……	……	……	……	……	……	……	二十
shíyī	shí'èr								èrshí
……	……	……	……	……	……	……	……	……	……
……	……	……	……	……	……	……	……	……	……
									100
……	……	……	……	……	……	……	……	……	一百
									yì bǎi

Comprehensive Exercises　综合练习

一、用合适的量词填空

Fill in the blanks with proper measure words

1. 一（　　）床　　　　　2. 一（　　）电视
　yì（　　）chuáng　　　　yì（　　）diànshì

3. 两（　　）朋友　　　　4. 一（　　）衣柜
　liǎng（　　）péngyou　　yí（　　）yīguì

二、查字典，根据你的真实情况介绍自己的房间

Describe your own room based on your own situation with the help of dictionary

我　的　房间　有 _____。
Wǒ de fángjiān yǒu

三、写汉字　Write the Chinese characters

第四课　我的一天
Lesson 4　One day in my life

读一读。Read these words.

shàngwǔ	zhōngwǔ	xiàwǔ	wǎnshang
上午	中午	下午	晚上
morning	noon	afternoon	evening

Words & Phrases　词　语

1. 天	tiān	名	from morning to night
2. 点	diǎn	量	o'clock
3. 起床	qǐ chuáng		get up
4. 一般	yìbān	形	general
5. 半	bàn	数	half
6. 吃	chī	动	eat
7. 早饭	zǎofàn	名	breakfast
8. 每	měi	代	each
9. 下午	xiàwǔ	名	afternoon

10. 做	zuò	动	do
11. 打	dǎ	动	play
12. 篮球	lánqiú	名	basketball
13. 晚上	wǎnshang	名	evening; night
14. 作业	zuòyè	名	homework
15. 上网	shàng wǎng		surf the internet
16. 睡觉	shuì jiào		sleep
17. 生活	shēnghuó	名	life
18. 习惯	xíguàn	名	habit
19. 谢谢	xièxie	动	thanks; thank you

词语练习　Word Exercises

一、词语拼音连线　Match

天	diǎn		每	wǎng
半	tiān		做	měi
点	chī		打	zuò
吃	bàn		网	dǎ

二、词语连线　Match

起	般		晚	惯
一早	床		睡	活
上	业		生	觉
作	饭		习	球
	网			篮
				上

（课间休息的时候，王老师和大卫聊天   Teacher Wang is chatting with David during the class break）

王老师：大卫，你几点起床？

大 卫：我一般六点半起床。

王老师：你吃早饭吗？

大 卫：我每天都吃早饭。

王老师：下午你做什么？

大 卫：我下午一般打篮球。

王老师：晚上呢？

大 卫：我晚上一般做作业、
          上网。

王老师：你一般几点睡觉？

大 卫：十一点。

王老师：你的生活习惯很好。

大 卫：谢谢老师！

Wáng lǎoshī：Dàwèi，nǐ jǐ diǎn qǐ chuáng?

Dàwèi：Wǒ yìbān liù diǎn bàn qǐ chuáng.

Wáng lǎoshī：Nǐ chī zǎofàn ma?

Dàwèi：Wǒ měi tiān dōu chī zǎofàn.

Wáng lǎoshī：Xiàwǔ nǐ zuò shénme?

Dàwèi：Wǒ xiàwǔ yìbān dǎ lánqiú.

Wáng lǎoshī：Wǎnshang ne?

Dàwèi：Wǒ wǎnshang yìbān zuò zuòyè、shàng wǎng.

Wáng lǎoshī：Nǐ yìbān jǐ diǎn shuì jiào?

Dàwèi：Shíyī diǎn.

Wáng lǎoshī：Nǐ de shēnghuó xíguàn hěn hǎo.

Dàwèi：Xièxie lǎoshī!

　　大卫一般早上六点半起床，每天都吃早饭，下午打篮球，晚上做作业、上网，十一点睡觉。

　　Dàwèi yìbān zǎoshang liù diǎn bàn qǐ chuáng, měi tiān dōu chī zǎofàn, xiàwǔ dǎ lánqiú, wǎnshang zuò zuòyè、shàng wǎng, shíyī diǎn shuì jiào.

课文练习　*Text Exercises*

一、根据课文完成对话
Complete the dialogue according to the text

王老师：大卫，你几（　　）起床？

　　　　Dàwèi, nǐ jǐ（　　）qǐ chuáng?

大　卫：我（　　）六点半起床。

　　　　Wǒ（　　）liù diǎn bàn qǐ chuáng.

王老师：你吃早饭（　　）?

　　　　Nǐ chī zǎofàn（　　）?

大　卫：我每天都吃早饭。

　　　　Wǒ měi tiān dōu chī zǎofàn.

王老师：下午你做（　　）?

　　　　Xiàwǔ nǐ zuò（　　）?

大　卫：我下午一般（　　）篮球。

　　　　Wǒ xiàwǔ yìbān（　　）lánqiú.

王老师：晚上　　　　呢？
　　　　Wǎnshang ne?

大　卫：我　　晚上　一般　（　　）作业、　上　网。
　　　　Wǒ wǎnshang yìbān（　　）zuòyè、shàng wǎng.

王老师：你　一般　几点　（　　　　）？
　　　　Nǐ yìbān jǐ diǎn（　　　　）?

大　卫：十一　点。
　　　　Shíyī diǎn.

王老师：你的　生活　习惯　很　好。
　　　　Nǐ de shēnghuó xíguàn hěn hǎo.

二、根据课文内容，介绍大卫的一天

Describe David's one-day life according to the text

大卫　一般　早上　六点半（　　），每　天　都　吃
Dàwèi yìbān zǎoshang liù diǎn bàn（　　）, měi tiān dōu chī

（　　），下午（　　　　），晚上　（　　　　）、上　网，十一　点
（　　）, xiàwǔ（　　）, wǎnshang（　　　　）、shàng wǎng, shíyī diǎn

（　　）。
（　　）.

语言点

一、时点的表达　The expression of time

七点（qī diǎn）

八点十分（bā diǎn shí fēn）

差 (short of) 一刻 (quarter) 九点　　三点四十　　十二点五分 (minute)

（chà yí kè jiǔ diǎn）　　（sān diǎn sìshí）　　（shí'èr diǎn wǔ fēn）

■ 问时间：Ask about time:

A：现在 (now) 几点？

　　Xiànzài jǐ diǎn?

B：现在差一刻十点。

　　Xiànzài chà yí kè shí diǎn.

1. 根据图片说出现在是几点　What time is it?

(1) 　　(2)

(3)  　　(4)

2. 下面是北京到上海的列车时刻表，读出列车发车时间和到达时间

This is a timetable of the trains from Beijing to Shanghai. Please read the departure time and the arrival time

chēcì 车次 Train No.	chūfā shíjiān 出发时间 Departure time	dàodá shíjiān 到达时间 Arrival time
1461	14:42	12:49
D31	11:05	20:49
Z7	19:44	07:12
Z21	19:32	07:00
Z13	19:38	07:06
T109	20:02	09:19
T103	20:08	09:32
D305	21:44	07:43
D301	21:39	07:38

二、时间状语   Time adverbials

■ 时间名词放在动词前面做状语。如：

The nouns of time are used before the verb as adverbials. For example:

（1）我六点半起床。

　　Wǒ liù diǎn bàn qǐ chuáng.

（2）我下午打篮球。

　　Wǒ xiàwǔ dǎ lánqiú.

（3）我晚上做作业、上网。

　　Wǒ wǎnshang zuò zuòyè、shàng wǎng.

（4）他十一点睡觉。

　　Tā shíyī diǎn shuì jiào.

◆ 根据你的实际情况完成对话

　　Complete the dialogues based on your own situation

　　（1）A：你几点起床？

　　　　　Nǐ jǐ diǎn qǐ chuáng?

　　　　B：_____。

(2) A：你几点吃午饭 (lunch)？

　　　　Nǐ jǐ diǎn chī wǔfàn?

　　　　B：_____。

(3) A：你几点吃晚饭 (supper, dinner)？

　　　　Nǐ jǐ diǎn chī wǎnfàn?

　　　　B：_____。

(4) A：你几点睡觉？

　　　　Nǐ jǐ diǎn shuì jiào?

　　　　B：_____。

综合练习　*Comprehensive Exercises*

一、两个同学一组，采访你的同伴，然后填表

Work in pairs. Interview your partner and complete the form

tóngbàn de yì tiān 同伴的一天 One-day life of my partner	
时间 shíjiān	做什么 zuò shénme
	起床 qǐ chuáng
	上课 shàng kè (to go to class)
	吃午饭 chī wǔfàn
	做作业 zuò zuòyè
	上网 shàng wǎng
	睡觉 shuì jiào

二、根据第一题的表格，向老师介绍你的同伴一天的生活

Describe one-day life of your partner to the teacher based on the answers above

三、写汉字　Write the Chinese characters

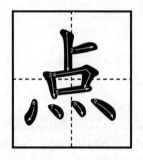  

第五课 周末的安排
Lesson 5 The arrangement for weekends

课前热身 Warming-up Exercises

看下面的表格，说说今天是哪一天。

Look at the chart below and say what day it is today.

Monday	Tuesday	Wednesday	Thursday	Friday	Saturday	Sunday
xīngqīyī	xīngqī'èr	xīngqīsān	xīngqīsì	xīngqīwǔ	xīngqīliù	xīngqīrì
星期一	星期二	星期三	星期四	星期五	星期六	星期日

词 语 Words & Phrases

1.	周末	zhōumò	名	weekend
2.	安排	ānpái	动	arrangement
3.	有时候	yǒu shíhou		sometimes
4.	时候	shíhou	名	time
5.	学习	xuéxí	动	study
6.	去	qù	动	go
7.	逛街	guàng jiē		go shopping
8.	运动	yùndòng	动	exercise
9.	旅行	lǚxíng	动	travel
10.	看	kàn	动	see; look
11.	和	hé	连	and

12. 一起	yìqǐ	副	together
13. 电影	diànyǐng	名	film
14. 天气	tiānqì	名	weather
15. 打算	dǎsuàn	动	be going to do; intend to
16. 还是	háishi	连	or
17. 出去	chū qù		go out
18. 玩（儿）	wán(r)	动	play
19. 咱们	zánmen	代	we
20. 吧	ba	助	modal particle
21. 想	xiǎng	助动	want to do sth.

专有名词 Proper noun

| 长城 | Chángchéng | | the Great Wall |

Word Exercises   词语练习

词语连线   Match

周	习	安	起
学	末	逛	行
运	影	旅	算
电	城	打	街
长	动	一	排

Text   课 文

李 娜：大卫，周末你一般做什么？

大 卫：我有时候在宿舍学习，有时候去逛街，有时候去运

动，有时候去<u>旅行</u>。李娜，你呢？

李　娜：我周末一般在宿
舍做作业，<u>看</u>
<u>电视</u>，有时候
<u>也</u>和中国朋友
<u>一起去看电影</u>。

大　卫：这个周末<u>天气</u>
很好，你<u>打算</u>
做什么？

李　娜：我打算去长城。
你是在宿舍学
习，<u>还是出去玩儿</u>？

大　卫：我出去玩儿，<u>咱们</u>一起去长城<u>吧</u>。

李　娜：好的。

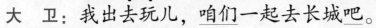

Lǐ Nà：　Dàwèi, zhōumò nǐ yìbān zuò shénme?

Dàwèi：　Wǒ yǒu shíhou zài sùshè xuéxí, yǒu shíhou qù guàng
jiē, yǒu shíhou qù yùndòng, yǒu shíhou qù lǚxíng. Lǐ
Nà, nǐ ne?

Lǐ Nà：　Wǒ zhōumò yìbān zài sùshè zuò zuòyè, kàn diànshì,
yǒu shíhou yě hé Zhōngguó péngyou yìqǐ qù kàn
diànyǐng.

Dàwèi：　Zhè ge zhōumò tiānqì hěn hǎo, nǐ dǎsuàn zuò
shénme?

Lǐ Nà：　Wǒ dǎsuàn qù Chángchéng. Nǐ shì zài sùshè xuéxí,
háishi chūqu wánr?

Dàwèi：　Wǒ chūqu wánr, zánmen yìqǐ qù Chángchéng ba.

Lǐ Nà：　Hǎo de.

周末，大卫有时候在宿舍学习，有时候去逛街，有时候去运动，有时候去旅行。李娜周末一般在宿舍做作业，看电视，有时候也和中国朋友一起去看电影。这个周末，李娜打算去长城，大卫想和李娜一起去。

Zhōumò, Dàwèi yǒu shíhou zài sùshè xuéxí, yǒu shíhou qù guàng jiē, yǒu shíhou qù yùndòng, yǒu shíhou qù lǚxíng. Lǐ Nà zhōumò yìbān zài sùshè zuò zuòyè, kàn diànshì, yǒu shíhou yě hé Zhōngguó péngyou yìqǐ qù kàn diànyǐng. Zhè ge zhōumò, Lǐ Nà dǎsuàn qù Chángchéng, Dàwèi xiǎng hé Lǐ Nà yìqǐ qù.

▶　　　　　　　　　　　　　　　　　　　**Text Exercises**　课文练习

一、根据课文完成对话

　Complete the dialogue according to the text

李　娜：大卫，　周末　你一般　做（　　　）？
　　　　Dàwèi, zhōumò nǐ yìbān zuò（　　　）?

大　卫：我　有　时候　在（　　）学习，有　时候　去
　　　　Wǒ yǒu shíhou zài（　　）xuéxí, yǒu shíhou qù
　　　　（　　）街，有　时候　去　运动，　有　时候　去
　　　　（　　）jiē, yǒu shíhou qù yùndòng, yǒu shíhou qù
　　　　旅行。李　娜，你　呢？
　　　　lǚxíng. Lǐ Nà, nǐ ne?

李　娜：我　周末　一般　在　宿舍　做　作业，（　　　）
　　　　Wǒ zhōumò yìbān zài sùshè zuò zuòyè,（　　　）
　　　　电视，　有　时候　也　和　中国　朋友　一起
　　　　diànshì, yǒu shíhou yě hé Zhōngguó péngyou yìqǐ

去　看　电影。
qù kàn diànyǐng.

大　卫：这　个　周末　天气　很　好，你（　）做
Zhè ge zhōumò tiānqì hěn hǎo, nǐ（　）zuò
什么？
shénme?

李　娜：我　打算　去　长城。　你是　在　宿舍　学习，
Wǒ dǎsuàn qù Chángchéng. Nǐ shì zài sùshè xuéxí,
还是　出去　玩儿？
háishi chūqu wánr?

大　卫：我　出去　玩儿，咱们（　）去　长城　吧。
Wǒ chūqu wánr, zánmen（　）qù Chángchéng ba.

李　娜：好　的。
Hǎo de.

二、根据课文内容，介绍大卫和李娜的周末安排

Describe the weekend plans of both David and Li Na according to
the text

周末，　大卫　有　时候　在　宿舍（　），有　时候　去
Zhōumò, Dàwèi yǒu shíhou zài sùshè（　），yǒu shíhou qù
（　），有　时候　去（　），有　时候　去（　）。李　娜
（　），yǒu shíhou qù（　），yǒu shíhou qù（　）. Lǐ Nà
周末　一般　在　宿舍　做　作业，看（　），有　时候　也
zhōumò yìbān zài sùshè zuò zuòyè, kàn（　），yǒu shíhou yě
和　中国　朋友　一起　去　看（　）。这个　周末，　李　娜
hé Zhōngguó péngyou yìqǐ qù kàn（　）. Zhè ge zhōumò, Lǐ Nà
打算　去（　），大卫　想　和李娜　一起　去。
dǎsuàn qù（　），Dàwèi xiǎng hé Lǐ Nà yìqǐ qù.

Language Points 语 言 点

一、选择疑问句 Alternative question

■ 把供选择的两项内容用"是……，还是……"连接起来，要求听话人作出选择。如：

The alternative question is to connect two alternatives with the expression "是……，还是……". The listeners are supposed to make a choice between the two alternatives. For example:

(1) A：你是在宿舍学习，还是出去玩儿？
　　　 Nǐ shì zài sùshè xuéxí, háishi chūqu wánr?

　　 B：我出去玩儿。
　　　 Wǒ chūqu wánr.

(2) A：你是去打篮球，还是去上网？
　　　 Nǐ shì qù dǎ lánqiú, háishi qù shàng wǎng?

　　 B：我去打篮球。
　　　 Wǒ qù dǎ lánqiú.

1. 根据提供的词语，写出选择疑问句
Write down the alternative questions based on the given words and phrases

(1) 大卫　看　电影　看　电视
　　 Dàwèi kàn diànyǐng kàn diànshì

　　 _____

(2) 你的　同屋　美国人　日本人
　　 nǐ de tóngwū Měiguórén Rìběnrén

　　 _____

（3）第 一 次 来　中国　第 二 次 来　中国　大 卫
　　　dì yī cì lái Zhōngguó dì èr cì lái Zhōngguó Dàwèi

_____

2. 完成对话　Complete the dialogues

（1）A：你是做作业，还是上网？
　　　　Nǐ shì zuò zuòyè, háishi shàng wǎng?

　　　B：_____。

（2）A：大卫是法国人，还是美国人？
　　　　Dàwèi shì Fǎguórén, háishi Měiguórén?

　　　B：_____。

（3）A：你是第一次来中国，还是第二次来中国？
　　　　Nǐ shì dì yī cì lái Zhōngguó, háishi dì èr cì lái
　　　　Zhōngguó?

　　　B：_____。

（4）A：你是和山本一起去看电影，还是和李娜一起去看
　　　　电影？
　　　　Nǐ shì hé Shānběn yìqǐ qù kàn diànyǐng, háishi hé
　　　　Lǐ Nà yìqǐ qù kàn diànyǐng?

　　　B：_____。

二、大卫想和李娜一起去

■ "想" 表示主观意愿，放在动词前。如：

"想" expresses the subjective wish, and is placed before the verb.
For example:

（1）周末我想去旅行。
　　　Zhōumò wǒ xiǎng qù lǚxíng.

（2）我想看电视，不想学习。
　　　Wǒ xiǎng kàn diànshì, bù xiǎng xuéxí.

◆ **完成对话　Complete the dialogues**

（1）A：今天（today）晚上你想做什么？

　　　　Jīntiān wǎnshang nǐ xiǎng zuò shénme?

　　　B：_____。

（2）A：明天（tomorrow）你想做什么？

　　　　Míngtiān nǐ xiǎng zuò shénme?

　　　B：_____。

（3）A：你想去旅行吗？

　　　　nǐ xiǎng qù lǚxíng ma?

　　　B：_____。

（4）A：你是想在宿舍学习，还是想出去玩儿？

　　　　Nǐ shì xiǎng zài sùshè xuéxí, háishi xiǎng chūqu

　　　　wánr?

　　　B：_____。

三、大卫想和李娜一起去

■ "A 和 B 一起"后面跟动词或动词结构。如：

"A 和 B 一起" is followed by a verb or verb phrase. For example:

（1）大卫和山本一起去吃早饭。

　　　Dàwèi hé Shānběn yìqǐ qù chī zǎofàn.

（2）我和朋友一起去旅行。

　　　Wǒ hé péngyou yìqǐ qù lǚxíng.

（3）他和妈妈一起来北京。

　　　Tā hé māma yìqǐ lái Běijīng.

■ 这一结构的一般疑问句形式，是直接在后边加"吗"。如：

In the general question sentence form of this structure, "吗" is added

directly to the end. For example:

(4) 你和朋友一起去旅行吗？

　　Nǐ hé péngyou yìqǐ qù lǚxíng ma?

(5) 他和妈妈一起来北京吗？

　　Tā hé māma yìqǐ lái Běijīng ma?

■ 特殊疑问句形式用"谁"来代替要询问的人。如：

In special question sentence form, "谁" is used to replace the person that needs asking. For example:

(6) 你和谁一起去旅行？

　　Nǐ hé shuí yìqǐ qù lǚxíng?

(7) 他和谁一起来北京？

　　Tā hé shuí yìqǐ lái Běijīng?

1. 看图用"一起"说句子
Make sentences with "一起" based on the pictures

(1) 大卫　　山本　　　　　　　　　　去　图书馆 (library)
　　Dàwèi Shānběn　　　　　　　　　qù túshūguǎn

(2) 哥哥　姐姐 (elder sister)　　　　　　　看　E-mail
　　gēge　jiějie　　　　　　　　　　　　kàn

(3) 大卫　女朋友 (girl friend)　　　　　　看　电影
　　Dàwèi　nǚpéngyou　　　　　　　　kàn diànyǐng

2.用"A 和 B 一起"完成对话

Complete the dialogues with "A 和 B 一起"

(1) A：山本和朋友一起去学校（school）吗？

　　　Shānběn hé péngyou yìqǐ qù xuéxiào ma?

　　B：_____。

(2) A：你和谁一起去爬山（climb mountains）？

　　　Nǐ hé shuí yìqǐ qù pá shān?

　　B：_____。

(3) A：你明天打算做什么？

　　　Nǐ míngtiān dǎsuàn zuò shénme?

　　B：_____。

(4) A：你想和谁一起学习？

　　　Nǐ xiǎng hé shuí yìqǐ xuéxí?

　　B：_____。

四、年、月、日和星期   The year, month, day and week

■ 年份的表达法是把每个数字按顺序读出。如

In Chinese, the year is expressed by reading the numerals in the given order. For example:

　　1990 → yī jiǔ jiǔ líng

　　2011 → èr líng yī yī

■ 月份的表达法是把数词放在"月"前。一年十二个月的名称是：

The month is expressed by using the numeral before "月". The names of the twelve months are:

一月	二月	三月……十月		十一月	十二月
yīyuè	èryuè	sānyuè	shíyuè	shíyīyuè	shí'èryuè

■ "日"的表达和"月"一样，也是把数词放在"日"或"号"的前边，"号"在口语中更常用。如：

The date is expressed like the months, by placing the numeral before "日" or "号", and "号" is more often used in spoken language.

For example:

一日（号）　　二日（号）　　……　　十日（号）
yī rì (hào)　　èr rì (hào)　　　　　　shí rì (hào)

十一日（号）………………………二十日（号）
shíyī rì (hào)　　　　　　　　　　èrshí rì (hào)

二十一日（号）……………………三十日（号）
èrshíyī rì (hào)　　　　　　　　　sānshí rì (hào)

三十一日（号）
sānshíyī rì (hào)

■ 一周七天，从星期日到星期六的名称是：

The seven days in a week, Sunday through Saturday, are named:

星期日（星期天）　　　　星期一　……　星期六
xīngqīrì (xīngqītiān)　　　xīngqīyī　　　xīngqīliù

■ 年、月、日和星期连在一起时，表达顺序是"……年……月……日，星期……"。如：

The order of the year, month, date and week of a specific day is "……年……月……日，星期……." For example:

2011 年 10 月 1 日，星期六
èrlíngyīyī nián shíyuè yī rì, xīngqīliù

Comprehensive Exercises　综合练习

一、根据你这个周末的安排填写下面的表格
Fill in the chart below based on your own weekend plan

星期六 xīngqīliù	上午 shàngwǔ	
	下午 xiàwǔ	
	晚上 wǎnshang	
星期日 xīngqīrì	上午 shàngwǔ	
	下午 xiàwǔ	
	晚上 wǎnshang	

二、根据上面的表格说说你的周末安排
Talk about your weekend plan based on chart above

三、写汉字　Write the Chinese characters

第六课　我也想骑自行车

Lesson 6　I want to ride a bicycle, too

根据图片、拼音，说说你喜欢哪种交通工具。

Based on the pictures and Pinyin, talk about what your favorite means of transportation is.

地铁（dìtiě）

公共汽车（gōnggòng qìchē）

出租车（chūzūchē）

飞机（fēijī）

自行车（zìxíngchē）

火车（huǒchē）

轮船（lúnchuán）

Words & Phrases   **词   语**

1. 骑	qí	动	ride
2. 自行车	zìxíngchē	名	bike
3. 外面	wàimian	名	outside
4. 家	jiā	名	home
5. 离	lí	动	off; away; from
6. 远	yuǎn	形	far
7. 坐	zuò	动	travel by
8. 出租车	chūzūchē	名	taxi
9. 上课	shàng kè		attend class; go to class
10. 为什么	wèi shénme		why
11. 公共汽车	gōnggòng qìchē		bus
12. 太	tài	副	too; over
13. 多	duō	形	many; much; more
14. 了	le	助	modal partical
15. 可以	kěyǐ	助动	can
16. 地铁	dìtiě	名	subway
17. 从……到……	cóng……dào……		from...to...
18. 还	hái	副	still; yet
19. 上班	shàng bān		go to work
20. 最近	zuìjìn	名	recently
21. 喜欢	xǐhuan	动	like
22. 因为	yīnwèi	连	because
23. 能	néng	助动	can; be able to

专有名词   Proper noun

美娜	Měinà	name of a person

词语练习　Word Exercises

词语连线　Match

外	为	可	铁
上	欢	地	以
喜	课	上	近
因	面	最	班

课　文　Text

大　卫：美娜，你住在哪儿？

美　娜：我住在学校外面。

大　卫：你的家离学校远不远？

美　娜：很远。我一般坐出租车来
　　　　上课。

大　卫：你为什么不坐公共汽车？

美　娜：坐公共汽车的人太多了。

大　卫：可以坐地铁来吗？

美　娜：从我的家到学校还没有地铁。

大　卫：你想骑自行车吗？很多中国人都骑自行车上班。

美　娜：最近天气很好，我也想骑自行车来上课。

Dàwèi：Měinà, nǐ zhù zài nǎr?

Měinà：Wǒ zhù zài xuéxiào wàimian.

Dàwèi：Nǐ de jiā lí xuéxiào yuǎn bu yuǎn?

Měinà：Hěn yuǎn. Wǒ yìbān zuò chūzūchē lái shàng kè.

Dàwèi：Nǐ wèi shénme bú zuò gōnggòng qìchē?

Měinà：Zuò gōnggòng qìchē de rén tài duō le.

Dàwèi：Kěyǐ zuò dìtiě lái ma?

Měinà：Cóng wǒ de jiā dào xuéxiào hái méiyǒu dìtiě.

Dàwèi：Nǐ xiǎng qí zìxíngchē ma? Hěn duō Zhōngguórén dōu qí zìxíngchē shàng bān.

Měinà：Zuìjìn tiānqì hěn hǎo，wǒ yě xiǎng qí zìxíngchē lái shàng kè.

美娜住在学校外面，她的家离学校很远，她每天坐出租车来上课。她不喜欢坐公共汽车，因为坐公共汽车的人太多了。她不能坐地铁来学校，因为从她的家到学校没有地铁。最近的天气很好，美娜想骑自行车来上课。

Měinà zhù zài xuéxiào wàimian，tā de jiā lí xuéxiào hěn yuǎn，tā měi tiān zuò chūzūchē lái shàng kè. Tā bù xǐhuan zuò gōnggòng qìchē，yīnwèi zuò gōnggòng qìchē de rén tài duō le. Tā bù néng zuò dìtiě lái xuéxiào，yīnwèi cóng tā de jiā dào xuéxiào méiyǒu dìtiě. Zuìjìn de tiānqì hěn hǎo，Měinà xiǎng qí zìxíngchē lái shàng kè.

Text Exercises 课文练习

一、根据课文完成对话

Complete the dialogue according to the text

大 卫：美娜，你住在（   ）?

　　　　Měinà，nǐ zhù zài（   ）?

美　娜：我 住 在 学校　外面。

　　　　Wǒ zhù zài xuéxiào wàimian.

大　卫：你 的 家离 学校　远 不 (　　)?
　　　　Nǐ de jiā lí xuéxiào yuǎn bu (　　)?

美　娜：很　远。我 一般 坐　出租车 来　上　课。
　　　　Hěn yuǎn. wǒ yìbān zuò chūzūchē lái shàng kè.

大　卫：你 为 (　　) 不 坐　公共　汽车?
　　　　Nǐ wèi (　　) bú zuò gōnggòng qìchē?

美　娜：坐　公共　汽车 的 人 太 多 了。
　　　　Zuò gōnggòng qìchē de rén tài duō le.

大　卫：可以 坐 地铁 来 吗?
　　　　Kěyǐ zuò dìtiě lái ma?

美　娜：从　我 的 家 (　　)　学校　还　没有　地铁。
　　　　Cóng wǒ de jiā (　　) xuéxiào hái méiyǒu dìtiě.

大　卫：你 想 (　　) 自行车 吗? 很 多　　　中国人
　　　　Nǐ xiǎng (　　) zìxíngchē ma? Hěn duō Zhōngguórén
　　　　都 骑 自行车　上　班。
　　　　dōu qí zìxíngchē shàng bān.

美　娜：最近 天气 很 好，我 也 想 骑 自行车　来
　　　　Zuìjìn tiānqì hěn hǎo, wǒ yě xiǎng qí zìxíngchē　lái
　　　　上　课。
　　　　shàng kè.

二、根据课文内容，介绍美娜的情况

Describe Meina's situation according to the text

美娜　住 在 学校 (　　)，她 的 家 离 学校 (　　)，她
Měinà zhù zài xuéxiào (　　), tā de jiā lí xuéxiào (　　), tā
每 天 坐 (　　) 来 上 课。她 不 喜欢 坐 (　　)，
měi tiān zuò (　　) lái shàng kè. Tā bù xǐhuan zuò (　　),
因为 坐 (　　) 的 人 太 多 了。她 不 能 坐 (　　)
yīnwèi zuò (　　) de rén tài duō le. Tā bù néng zuò (　　)

来 学校，因为 从 她 的 家 到 学校 没有 （　　）。最近
lái xuéxiào, yīnwèi cóng tā de jiā dào xuéxiào méiyǒu （　　）. Zuìjìn
的 天气 很 好，美娜 想 骑（　　　）来 上 课。
de tiānqì hěn hǎo, Měinà xiǎng qí （　　　） lái shàng kè.

Language Points　语 言 点

一、距离的表达　The expression of distance

"A 离 B" "从……到……" 都是距离的表达。如：
"A 离 B", "从……到……" both are used to express the distance.
For example:

(1) 中国离美国很远。
　　Zhōngguó lí Měiguó hěn yuǎn.

(2) 从北京到上海很远。
　　Cóng Běijīng dào Shànghǎi hěn yuǎn.

◆ 用 "离" 或 "从……到……" 完成对话
　 Complete the dialogues with "离" or "从……到……"

(1) A：你的家离学校远吗？
　　　Nǐ de jiā lí xuéxiào yuǎn ma?
　　B：_____。（离）

(2) A：你们国家离中国远吗？
　　　Nǐmen guójiā lí Zhōngguó yuǎn ma?
　　B：_____。（离）

(3) A：从你的家到学校远吗？
　　　Cóng nǐ de jiā dào xuéxiào yuǎn ma?
　　B：_____。（从……到……）

（4）A：从你们国家到中国远吗？

　　　　Cóng nǐmen guójiā dào Zhōngguó yuǎn ma?

　　B：＿＿＿＿＿＿＿＿＿＿＿＿＿＿。（从……到……）

二、你的家离学校远不远

■ "A 不 A"是汉语中的一种正反问句，"A"可以是形容词。如：
"A 不 A" is a positive-negative question in Chinese. "A" can be an adjective. For example:

（1）你的房间大不大？

　　　　Nǐ de fángjiān dà bu dà?

■ 注意：正反疑问句中，形容词前边不能加程度副词，如不能说"你的房间很大不很大"。
Tips: In positive-negative questions, degree adverbs can not be placed before adjectives, for example, it is not correct to say "你的房间很大不很大".

■ "A"也可以是动词。如：
"A" can also be a verb. For example:

（2）你是不是美国人？

　　　　Nǐ shì bu shì Měiguórén?

（3）你喜欢不喜欢看电影？

　　　　Nǐ xǐhuan bu xǐhuan kàn diànyǐng?

■ 注意：如果是动词"有"，要变为"有没有"。如：
Tips: if the verb is "有", it should be changed to "有没有". For example:

（4）你有没有哥哥？

　　　　Nǐ yǒu méiyǒu gēge?

1. 把下面的肯定句变为相应的正反问句

   Change the affirmative sentences to the corresponding positive-negative questions

   (1) 他是英国人。

   　　Tā shì Yīngguórén.

   　　_____

   (2) 大卫喜欢旅行。

   　　Dàwèi xǐhuan lǚxíng.

   　　_____

   (3) 我有好朋友。

   　　Wǒ yǒu hǎo péngyou.

   　　_____

   (4) 她去逛街。

   　　Tā qù guàng jiē.

   　　_____

   (5) 我的房间很大。

   　　Wǒ de fángjiān hěn dà.

   　　_____

   (6) 我的朋友很好。

   　　Wǒ de péngyou hěn hǎo.

   　　_____

2. 用 "A 不 A" 完成对话

   Complete the dialogues with "A 不 A"

   (1) A：_____?

   　　B：我周末有安排。

   　　　 Wǒ zhōumò yǒu ānpái.

（2）A：＿＿＿＿＿＿＿＿＿＿＿＿？

　　　B：大卫不是英国人。

　　　　Dàwèi bú shì Yīngguórén.

（3）A：＿＿＿＿＿＿＿＿＿＿＿＿？

　　　B：美娜不喜欢坐公共汽车。

　　　　Měinà bù xǐhuan zuò gōnggòng qìchē.

（4）A：＿＿＿＿＿＿＿＿＿＿＿＿？

　　　B：我不去看电影。

　　　　Wǒ bú qù kàn diànyǐng.

（5）A：＿＿＿＿＿＿＿＿＿＿＿＿？

　　　B：我的床很大。

　　　　Wǒ de chuáng hěn dà.

（6）A：＿＿＿＿＿＿＿＿＿＿＿＿？

　　　B：李娜的朋友很多。

　　　　Lǐ Nà de péngyou hěn duō.

三、坐公共汽车的人太多了

■ "太……了"表示程度很高，常用于感叹，有时表示"过分"的意思。如：

"太……了" is usually used to show exclamation. It sometimes expresses the meaning of "too much". For example:

（1）今天太热（hot）了。

　　　Jīntiān tài rè le.

（2）你的房间太大了。

　　　Nǐ de fángjiān tài dà le.

（3）这个星期我太忙（busy）了。

　　　Zhè ge xīngqī wǒ tài máng le.

◆ 把下面的句子改写成 "太……了" 句

Rewrite these sentences by using the form "太……了"

(1) 这台电视很贵 (expensive)。
Zhè tái diànshì hěn guì.

_____

(2) 王老师的书很多。
Wáng lǎoshī de shū hěn duō.

_____

(3) 从北京到香港 (Hongkong) 很远。
Cóng Běijīng dào Xiānggǎng hěn yuǎn.

_____

(4) 你的宿舍很小 (small)。
Nǐ de sùshè hěn xiǎo.

_____

Comprehensive Exercises 综合练习

一、采访你的同学，看看他（/她）在下面的情况下，喜欢用什么交通工具

Interview your classmate and find out what his (/her) favorite means of transportation is under the following circumstances

交通工具 means of transportation	情况 circumstances
	来学校上课 lái xuéxiào shàng kè
	去旅行 qù lǚxíng
	去王府井逛街 qù Wángfǔjǐng guàng jiē
	从北京大学到颐和园 (Summer Palace) cóng Běijīng Dàxué dào Yíhé Yuán
	回 (go back) 国 huí guó

二、根据第一题的表格，说说你自己的情况
Talk about your own situation based on the chart above

我来学校上课，喜欢……

Wǒ lái xuéxiào shàng kè, xǐhuan……

三、写汉字　Write the Chinese characters

第七课　住处的麻烦
Lesson 7　Something wrong with my residence

　课前热身

1. 你的住处有没有麻烦？是什么麻烦？

   Are there any troubles with your residence？ What are they？

2. 有麻烦的时候，怎么办？

   How do you deal with those troubles？

Words & Phrases　词　语

1. 住处	zhùchù	名	residence
2. 麻烦	máfan	名、动、形	trouble
3. 喂	wèi	叹	hello
4. 留学生	liúxuéshēng	名	student studying abroad; overseas student
5. 维修员	wéixiūyuán	名	maintenance worker; maintenance man
6. 事	shì	名	thing; matter; affair
7. 坏	huài	形	not work
8. 灯	dēng	名	lamp
9. 亮	liàng	动、形	bright
10. 请	qǐng	动	please

11. 帮忙	bāng máng		help
12. 修	xiū	动	repair
13. 问题	wèntí	名	problem
14. 在	zài	动	be in; be at
15. 小	xiǎo	形	small
16. 隔壁	gébì	名	next door
17. 特别	tèbié	副	especially
18. 吵	chǎo	形	make a noise
19. 告诉	gàosu	动	tell
20. 声音	shēngyīn	名	voice; sound
21. 一点儿	yìdiǎnr	数量	a bit; a little
22. 打电话	dǎ diànhuà		make a telephone call

词语练习　Word Exercises

词语连线　Match

住　　　　忙　　　　　　特　　　　音
麻　　　　处　　　　　　声　　　　别
帮　　　　烦　　　　　　一　　　　话
隔　　　　壁　　　　　　电　　　　点儿

课　文　Text

（大卫给宿舍的维修员打电话　David is calling the dorm maintenance man）

大　卫：喂，您好！我是309房间的<u>留学生</u>，我叫大卫。

维修员：大卫，你好！有事吗？

大　卫：我宿舍的电视坏了，灯也不亮了。请你们帮忙修修，好吗？

维修员：好的，没问题。你现在在宿舍吗？

大　卫：在。

维修员：我现在去，可以吗？

大　卫：可以。

维修员：还有问题吗？

大　卫：还有一个小问题。我隔壁的房间最近晚上特别吵，麻烦你告诉他们声音小一点儿，好吗？

维修员：好的。

大　卫：谢谢。

Dàwèi：Wèi, nín hǎo! Wǒ shì sānlíngjiǔ fángjiān de liúxuéshēng, wǒ jiào Dàwèi.

Wéixiūyuán：Dàwèi, nǐ hǎo! Yǒu shì ma?

Dàwèi：Wǒ sùshè de diànshì huài le, dēng yě bú liàng le. Qǐng nǐmen bāngmáng xiūxiu, hǎo ma?

Wéixiūyuán：Hǎo de, méi wèntí. Nǐ xiànzài zài sùshè ma?

Dàwèi：Zài.

Wéixiūyuán：Wǒ xiànzài qù, kěyǐ ma?

Dàwèi：Kěyǐ.

Wéixiūyuán：Hái yǒu wèntí ma?

Dàwèi：Hái yǒu yí ge xiǎo wèntí. Wǒ gébì de fángjiān zuìjìn wǎnshang tèbié chǎo, máfan nǐ gàosu tāmen shēngyīn xiǎo yìdiǎnr, hǎo ma?

Wéixiūyuán：Hǎo de.

Dàwèi：Xièxie.

　　大卫宿舍的电视坏了，灯也不亮了。他<u>打电话</u>请维修员帮忙修修。大卫隔壁的房间最近晚上特别吵，他也想请维修员告诉隔壁的同学声音小一点儿。

　　Dàwèi sùshè de diànshì huài le, dēng yě bú liàng le. Tā dǎ diànhuà qǐng wéixiūyuán bāngmáng xiūxiu. Dàwèi gébì de fángjiān zuìjìn wǎnshang tèbié chǎo, tā yě xiǎng qǐng wéixiūyuán gàosu gébì de tóngxué shēngyīn xiǎo yìdiǎnr.

课文练习　Text Exercises

一、根据课文完成对话

　　Complete the dialogue according to the text

　　维修员：大卫，你好！有事吗?

　　　　　　Dàwèi, nǐ hǎo! Yǒu shì ma?

　　大　卫：我宿舍的电视（　）了，灯也不（　）了。

　　　　　　Wǒ sùshè de diànshì （　） le, dēng yě bú （　） le.

　　　　　　请你们帮忙修修，（　）吗?

　　　　　　Qǐng nǐmen bāngmáng xiūxiu, （　） ma?

　　维修员：好的，没问题。你现在在宿舍吗?

　　　　　　Hǎo de, méi wèntí. Nǐ xiànzài zài sùshè ma?

　　大　卫：在。

　　　　　　Zài.

维修员：我　现在　去，（　　）吗？
　　　　Wǒ xiànzài qù, （　　） ma?
大　卫：可以。
　　　　Kěyǐ.

二、根据课文内容，介绍大卫住处的麻烦

According to the text, what is the trouble with David's residence?

大卫　宿舍　的（　　）坏　了，（　　）也　不　亮　了。他
Dàwèi sùshè de （　　） huài le, （　　） yě bú liàng le. Tā
打（　　）请　维修员　　帮忙　修修。大卫　隔壁　的
dǎ （　　） qǐng wéixiūyuán bāngmáng xiūxiu. Dàwèi gébì de
房间　最近　晚上（　　）吵，他也　想　请　　维修员
fángjiān zuìjìn wǎnshang（　　） chǎo, tā yě xiǎng qǐng wéixiūyuán
告诉　隔壁的　同学　声音（　　）一点儿。
gàosu gébì de tóngxué shēngyīn （　　） yìdiǎnr.

▶　**Language Points**　■ 语　言　点

一、请你们帮忙修修

■ "修修"是单音节动词"修"的重叠形式。这种重叠形式多强调短的时间，有时有动作轻微、简单不费力、轻松随便或尝试的意思。如：

"修修" is the reduplication form of monosyllabic verb "修". The reduplication forms are often used to emphasize the short span of time, sometimes with the meaning that the motion is light, simple or just a try. For example:

(1) 他下午喜欢打打篮球。

Tā xiàwǔ xǐhuan dǎda lánqiú.

(2) 他周末一般在家看看书，听听音乐 (listen to music)。

Tā zhōumò yìbān zài jiā kànkan shū，tīngting yīnyuè.

◆ 选择恰当的词语，重叠后填空

Choose the proper word and reduplicate it, and then fill in the blanks

上	看	修

(1) 他周末一般在家＿＿网、＿＿电视，不喜欢出去玩儿。

Tā zhōumò yìbān zài jiā＿＿＿＿wǎng、＿＿＿＿diànshì，bù xǐhuan chūqu wánr.

(2) 你可以＿＿我的自行车吗？

Nǐ kěyǐ＿＿＿＿wǒ de zìxíngchē ma?

二、请你们帮忙修修，好吗/我现在去，可以吗

■ 用"好吗""可以吗"放在一个句子的后面，用于征求对方的意见。肯定的回答一般可以用"好的""可以"。如：

"好吗"，"可以吗" placed at the end of the sentences are used to ask for other's opinion. The affirmative answers are usually "好的"，"可以". For example:

(1) A：我们明天去逛街，好吗？

　　　Wǒmen míngtiān qù guàng jiē, hǎo ma?

　　B：好的。

　　　Hǎo de.

(2) A：你帮我修修自行车，可以吗？

　　　Nǐ bāng wǒ xiūxiu zìxíngchē, kěyǐ ma?

　　B：可以。

　　　　Kěyǐ.

1. 完成对话　Complete the dialogues

（1）A：你和我一起去，可以吗？

　　　　Nǐ hé wǒ yìqǐ qù, kěyǐ ma?

　　B：＿＿＿＿＿＿＿＿＿＿＿。

（2）A：请你修修我的电视，好吗？

　　　　Qǐng nǐ xiūxiu wǒ de diànshì, hǎo ma?

　　B：＿＿＿＿＿＿＿＿＿＿＿。

（3）A：＿＿＿＿＿＿＿＿＿＿＿＿＿＿？　（旅行）

　　B：好的。

　　　　Hǎo de.

（4）A：＿＿＿＿＿＿＿＿＿＿＿＿＿＿？　（介绍）

　　B：可以。

　　　　Kěyǐ.

2. 在下面的情景下，用"好吗"或者"可以吗"征求对方的意见
Please ask for opinions by using "好吗" or "可以吗" under the following circumstances

（1）你房间的衣柜坏了，你给维修员打电话。

　　　Nǐ fángjiān de yīguì huài le, nǐ gěi wéixiūyuán dǎ diànhuà.

（2）你的作业没有做，你告诉老师。

　　　Nǐ de zuòyè méiyǒu zuò, nǐ gàosu lǎoshī.

（3）你想和朋友一起去看电影。

　　　Nǐ xiǎng hé péngyou yìqǐ qù kàn diànyǐng.

（4）你隔壁房间的声音很大。

　　　Nǐ gébì fángjiān de shēngyīn hěn dà.

综合练习　　*Comprehensive Exercises*

一、选词填空　Choose the proper words and fill in the blanks

麻烦	现在	帮忙	修	坏

1. 我有很多_____。

   Wǒ yǒu hěn duō_____.

2. 你有问题，我可以_____。

   Nǐ yǒu wèntí, wǒ kěyǐ_____.

3. _____你住在哪儿？

   _____nǐ zhù zài nǎr?

4. 我的电脑_____了。

   Wǒ de diànnǎo_____le.

5. 谁可以_____这台电视？

   Shuí kěyǐ_____zhè tái diànshì?

二、小组任务：两位同学一组，一位是留学生，一位是房东。留学生房间的电视坏了，他打电话给房东，请房东帮忙

Group task: work in pairs. One is an overseas student and the other is the landlord. The TV set in the student's room is broken, so he calls the landlord to ask for help

三、写汉字　Write the Chinese characters

第八课　我每天都跑步
Lesson 8　I jog every day

根据下面的图片和拼音，认读词语。

Based on the pictures and Pinyin, read these words.

跑步（pǎo bù）　　跳舞（tiào wǔ）　　踢足球(tī zúqiú)

游泳（yóu yǒng）　　　打网球（dǎ wǎngqiú）

词　　语　Words & Phrases

1. 跑步	pǎo bù		run
2. 爱好	àihào	名	hobby

74

3. 最	zuì	副	the most
4. 另外	lìngwài	连	in addition; besides
5. 啦	la	助	tone partical
6. 跳舞	tiào wǔ		dance
7. 唱歌	chàng gē		sing
8. 歌厅	gētīng	名	KTV
9. 以后	yǐhòu	名	after
10. 过	guo	助	an aspectual particle used after an adjective or a verb, indicating an action or a state in the past
11. 踢	tī	动	kick
12. 足球	zúqiú	名	football
13. 游泳	yóu yǒng		swim
14. 网球	wǎngqiú	名	tennis
15. 空儿	kòngr	名	free time
16. 比	bǐ	动	than

专有名词　Proper noun

刘峰	Liú Fēng		name of a person

Word Exercises　词语练习

词语连线　　Match

跑　　　　外　　　　　　　唱　　　　　泳
爱　　　　步　　　　　　　歌　　　　　球
另　　　　好　　　　　　　足　　　　　厅
跳　　　　舞　　　　　　　游　　　　　歌

课　文　*Text*

(大卫认识了一个中国朋友刘峰，他们在校园里边走边聊　David has got a new Chinese friend Liu Feng. They are chatting while walking on the campus)

刘　峰：大卫，你有什么<u>爱好</u>？

大　卫：我<u>最</u>喜欢跑步，每天都跑步。<u>另外</u>，打<u>篮球</u>啦，<u>跳舞</u>啦，我也很喜欢。

刘　峰：你喜欢<u>唱歌</u>吗？

大　卫：喜欢。

刘　峰：这个周末我请你去<u>歌厅</u>唱歌，好吗？

大　卫：太好了！来中国<u>以后</u>，我还没有去<u>过</u>歌厅呢。刘峰，你有什么爱好？

刘　峰：唱歌啦，<u>踢足球</u>啦，<u>游泳</u>啦，都是我的爱好。最近，我特别喜欢打<u>网球</u>。你呢？

大　卫：我也喜欢。有<u>空儿</u>我请你去打网球吧。

刘　峰：好啊，我们可以<u>比</u>一比。

Liú Fēng：Dàwèi, nǐ yǒu shénme àihào?

Dàwèi：　Wǒ zuì xǐhuan pǎo bù, měi tiān dōu pǎo bù. Lìngwài, dǎ lánqiú la, tiào wǔ la, wǒ yě hěn xǐhuan.

Liú Fēng：Nǐ xǐhuan chàng gē ma?

Dàwèi：　Xǐhuan.

Liú Fēng：Zhè ge zhōumò wǒ qǐng nǐ qù gētīng chàng gē, hǎo ma?

Dàwèi： Tài hǎo le! Lái Zhōngguó yǐhòu, wǒ hái méiyǒu qùguo gētīng ne. Liú Fēng, nǐ yǒu shénme àihào?

Liú Fēng： Chàng gē la, tī zúqiú la, yóu yǒng la, dōu shì wǒ de àihào. Zuìjìn, wǒ tèbié xǐhuan dǎ wǎngqiú. Nǐ ne?

Dàwèi： Wǒ yě xǐhuan. Yǒu kòngr wǒ qǐng nǐ qù dǎ wǎngqiú ba.

Liú Fēng： Hǎo a, wǒmen kěyǐ bǐ yi bǐ.

　　大卫的爱好是跑步，他每天都跑步。另外，他还喜欢打篮球、跳舞、唱歌。刘峰的爱好是唱歌、踢足球、游泳、打网球。刘峰想请大卫去歌厅唱歌，大卫想请刘峰去打网球。

　　Dàwèi de àihào shì pǎo bù, tā měi tiān dōu pǎo bù. Lìngwài, tā hái xǐhuan dǎ lánqiú、tiào wǔ、chàng gē. Liú Fēng de àihào shì chàng gē、tī zúqiú、yóu yǒng、dǎ wǎngqiú. Liú Fēng xiǎng qǐng Dàwèi qù gētīng chàng gē, Dàwèi xiǎng qǐng Liú Fēng qù dǎ wǎngqiú.

Text Exercises **课文练习**

一、根据课文完成对话

Complete the dialogue according to the text

刘　峰：大卫，你有 什么 （　　）?

　　　　Dàwèi, nǐ yǒu shénme （　　）?

大　卫：我 最 喜欢 （　　），每 天 都 （　　）。另外，

　　　　Wǒ zuì xǐhuan （　　）, měi tiān dōu （　　）. Lìngwài,

　　　　（　　）篮球 啦，（　　）舞啦，我 也 很 喜欢。

　　　　（　　）lánqiú la, （　　）wǔ la, wǒ yě hěn xǐhuan.

刘　峰：你 喜欢 （　　）歌 吗?

　　　　Nǐ xǐhuan （　　）gē ma?

大　卫：喜欢。
　　　　Xǐhuan.

刘　峰：这 个 周末 我 请 你 去 歌（　　） 唱 歌，
　　　　Zhè ge zhōumò wǒ qǐng nǐ qù gē（　　）chàng gē,
　　　　好 吗？
　　　　hǎo ma?

大　卫：太 好 了!
　　　　Tài hǎo le!

二、根据课文内容，介绍大卫和刘峰的爱好

According to the text, what are David's and Liu Feng's hobbies?

大卫 的 爱好 是（　　），他 每 天 都（　　）。 另外，
Dàwèi de àihào shì（　　）, tā měi tiān dōu（　　）. Lìngwài,
他 还 喜欢（　　）、跳 舞、（　　）。刘 峰 的 爱 好 是
tā hái xǐhuan（　　）、tiào wǔ、（　　）. Liú Fēng de àihào shì
唱 歌、（　　）、游 泳、（　　）。刘 峰 想 请
chàng gē、（　　）、yóu yǒng、（　　）. Liú Fēng xiǎng qǐng
大卫 去 歌厅（　　），大卫 想 请 刘 峰 去 打（　　）。
Dàwèi qù gētīng（　　）, Dàwèi xiǎng qǐng Liú Fēng qù dǎ（　　）.

语 言 点　　*Language Points*

一、打篮球啦，跳舞啦，我也很喜欢

■ A 啦，B 啦……，表示列举。如：
"A 啦，B 啦……" is used for listing. For example:

（1）唱歌啦，踢足球啦，游泳啦，都是我的爱好。
　　　Chàng gē la, tī zúqiú la, yóu yǒng la, dōu shì wǒ de àihào.

(2) 地铁啦，出租车啦，公共汽车啦，我都喜欢坐。

Dìtiě la, chūzūchē la, gōnggòng qìchē la, wǒ dōu xǐhuan
zuò.

◆ 用 "A 啦，B 啦……" 完成对话

Complete the sentences with "A 啦, B 啦……"

(1) A：你们班级，谁来过中国？

　　　Nǐmen bānjí, shuí láiguo Zhōngguó?

　　B：_____ 都来过中国。

　　　　　　　　　　　　　　　　　dōu láiguo Zhōngguó.

(2) A：你去过哪儿 (where)？

　　　Nǐ qùguo nǎr?

　　B：_____ 我都去过。

　　　　　　　　　　　　　　　　　wǒ dōu qùguo.

(3) A：你周末喜欢做什么？

　　　Nǐ zhōumò xǐhuan zuò shénme?

　　B：_____ 我都喜欢。

　　　　　　　　　　　　　　　　　wǒ dōu xǐhuan.

(4) A：你有什么爱好？

　　　Nǐ yǒu shénme àihào?

　　B：_____ 都是我的爱好。

　　　　　　　　　　　　　　　　　dōu shì wǒ de àihào.

二、来中国以后，我还没有去过歌厅呢

■ "V.过" 表示事情曾经发生。如：

"V.过" is used to express things have happened in the past. For example:

(1) 他去过长城。

　　　Tā qùguo Chángchéng.

(2) 我吃过北京烤鸭（roast duck）。

Wǒ chīguo Běijīng kǎoyā.

(3) 大卫坐过北京的地铁。

Dàwèi zuòguo Běijīng de dìtiě.

■ "V.过"的否定式和一般疑问句式。如：

The negative form and general question sentence form of "V.过". For example:

(4) 他去过长城。

Tā qùguo Chángchéng.

——他没（有）去过长城。

Tā méi（yǒu）qùguo Chángchéng.

——他去过长城吗？

Tā qùguo Chángchéng ma?

1. 用所给的词语分别组成含"过"的肯定句、否定句和疑问句

Make sentences in the affirmative, negative and interrogative forms of "过" structure with the given words

(1) 过 guo　　大卫 Dàwèi　　修 xiū　　电视 diànshì

_____

_____

_____

(2) 美国 Měiguó　　老师 lǎoshī　　过 guo　　去 qù

_____

_____

(3) 美娜 Měinà　　过 guo　　自行车 zìxíngchē　　骑 qí

_____

_____

_____

(4) 长城 Chángchéng　　过 guo　　去 qù　　山本 Shānběn

_____

_____

_____

2. 完成对话　Complete the dialogues

(1) A：你去过颐和园（The Summer Palace）吗？

　　　Nǐ qùguo Yíhé Yuán ma?

　　B：_____。

(2) A：你打过篮球吗？

　　　Nǐ dǎguo lánqiú ma?

　　B：_____。

(3) A：_____？

　　B：山本去过长城。

　　　Shānběn qùguo Chángchéng.

(4) A：_____？

　　B：我没有去过歌厅。

　　　Wǒ méiyǒu qùguo gētīng.

Comprehensive Exercises　综合练习

一、选词填空　Choose the proper word and fill in the blanks

最	都	也	过

1. 电视、电影，我____喜欢看。

　　Diànshì、diànyǐng, wǒ____xǐhuan kàn.

2. 哥哥喜欢打网球，我____喜欢打。

Gēge xǐhuan dǎ wǎngqiú, wǒ____xǐhuan dǎ.

3. 你____喜欢的电影是什么？

Nǐ____xǐhuan de diànyǐng shì shénme?

4. 我在北京大学住____。

Wǒ zài Běijīng Dàxué zhù____.

二、小组任务：两位同学一组，采访对方的爱好是什么

Group task: work in pairs. Interview each other about what their hobbies are

三、写汉字　Write the Chinese characters

第九课 昨天晚上我们去酒吧了
Lesson 9　We went to the bar last night

课前热身

1. 你喜欢去酒吧吗？

   Do you like going to the bar?

2. 你喜欢去哪个酒吧？

   Which bar do you like?

词　语

1. 昨天	zuótiān	名	yesterday
2. 酒吧	jiǔbā	名	bar
3. 生日	shēngrì	名	birthday
4. 好玩儿	hǎowánr	形	interesting; amusing
5. 一边……一边……	yìbiān……yìbiān……		while; at the same time
6. 喝	hē	动	drink
7. 酒	jiǔ	名	alcoholic drink; wine; liquor; spirits
8. 聊天	liáo tiān		chat
9. 给	gěi	介	for
10. 买	mǎi	动	buy
11. 蛋糕	dàngāo	名	cake
12. 过	guò	动	spend time

83

13. 高兴	gāoxìng	形	happy
14. 当然	dāngrán	副	certainly
15. 用	yòng	动	use
16. 遍	biàn	量	a measure word
17. 又	yòu	副	indicating repetition of an action or state; again
18. 哭	kū	动	cry
19. 醉	zuì	形	drunk
20. 知道	zhīdào	动	know
21. 送	sòng	动	see sb. off or out; accompany; escort
22. 回	huí	动	go back
23. 那	nà	连	then; in that case
24. 今天	jīntiān	名	today
25. 一定	yídìng	副	certainly; surely
26. 会	huì	助动	be likely to; be sure to
27. 赢	yíng	动	win

专有名词　Proper nouns

| 1. 中文 | Zhōngwén | | Chinese |
| 2. 英文 | Yīngwén | | English |

词语练习　*Word Exercises*

词语连线　Match

昨	吧		高	酒
酒	天		当	兴
生	糕		一	然
蛋	日		喝	定

84

课 文

（大卫跟刘峰一起去打网球，他们边走边聊　David and Liu Feng are going to play tennis. They are chatting on the way there）

刘　峰：大卫，昨天是周末，你去哪儿了？

大　卫：昨天是李娜的<u>生日</u>，我和同学们晚上一起去酒吧了。

刘　峰：<u>好玩儿</u>吗？

大　卫：我们在酒吧<u>一边</u>喝<u>酒</u>，<u>一边</u><u>聊天</u>。我们还给李娜<u>买</u>了一个生日<u>蛋糕</u>。这是李娜第一次在中国<u>过生日</u>，她特别<u>高兴</u>。

刘　峰：你们给李娜唱生日歌了吗？

大　卫：<u>当然</u>唱了，我们<u>用</u>中文唱了一<u>遍</u>，<u>又</u>用英文唱了一遍。李娜<u>哭</u>了，还喝了很多酒。

刘　峰：她喝<u>醉</u>了吗？

大　卫：我不<u>知</u>道，因为我喝醉了，是同学<u>送</u>我<u>回</u>宿舍的。

刘　峰：<u>那</u>今天打球，我<u>一定</u>会<u>赢</u>。

Liú Fēng：Dàwèi, zuótiān shì zhōumò, nǐ qù nǎr le?

Dàwèi：　Zuótiān shì Lǐ Nà de shēngrì, wǒ hé tóngxuémen wǎnshang yìqǐ qù jiǔbā le.

Liú Fēng：Hǎowánr ma?

Dàwèi：　Wǒmen zài jiǔbā yìbiān hē jiǔ, yìbiān liáo tiān. Wǒmen hái gěi Lǐ Nà mǎile yí ge shēngrì dàngāo. Zhè shì Lǐ Nà dì yī cì zài Zhōngguó guò shēngrì, tā tèbié gāoxìng.

Liú Fēng： Nǐmen gěi Lǐ Nà chàng shēngrì gē le ma?

Dàwèi： Dāngrán chàng le, wǒmen yòng Zhōngwén chàng le yí biàn, yòu yòng Yīngwén chàngle yí biàn. Lǐ Nà kū le, hái hēle hěn duō jiǔ.

Liú Fēng： Tā hēzuì le ma?

Dàwèi： Wǒ bù zhīdào, yīnwèi wǒ hēzuì le, shì tóngxué sòng wǒ huí sùshè de.

Liú Fēng： Nà jīntiān dǎ qiú, wǒ yídìng huì yíng.

　　昨天是李娜的生日，晚上，大卫和同学们一起去酒吧给李娜过生日了。他们在酒吧一边喝酒，一边聊天。他们还给李娜买了一个生日蛋糕。这是李娜第一次在中国过生日，她特别高兴。同学们给李娜唱生日歌，李娜哭了，还喝了很多酒。大卫昨天喝醉了，是同学送他回宿舍的。

　　Zuótiān shì Lǐ Nà de shēngrì, wǎnshang, Dàwèi hé tóngxuémen yìqǐ qù jiǔbā gěi Lǐ Nà guò shēngrì le. Tāmen zài jiǔbā yìbiān hē jiǔ, yìbiān liáo tiān. Tāmen hái gěi Lǐ Nà mǎile yí ge shēngrì dàngāo. Zhè shì Lǐ Nà dì yī cì zài Zhōngguó guò shēngrì, tā tèbié gāoxìng. Tóngxuémen gěi Lǐ Nà chàng shēngrì gē, Lǐ Nà kū le, hái hēle hěn duō jiǔ. Dàwèi zuótiān hēzuì le, shì tóngxué sòng tā huí sùshè de.

课文练习　　**Text Exercises**

一、根据课文完成对话
Complete the dialogue according to the text

　　刘　峰：大卫， 昨天 是 周末， 你去（　　）了？

　　　　　　Dàwèi, zuótiān shì zhōumò, nǐ qù（　　）le?

大　卫：昨天　　是李　娜 的（　　），我 和　　　同学们
　　　　Zuótiān shì Lǐ Nà de（　　）, wǒ hé tóngxuémen
　　　　晚上　　 一起 去（　　）了。
　　　　wǎnshang yìqǐ qù（　　）le.

刘　　峰：好玩儿　 吗？
　　　　Hǎowánr ma?

大　卫：我们　　在 酒吧 一边（　　），一边（　　）。我们
　　　　Wǒmen zài jiǔbā yìbiān（　　）, yìbiān（　　）. Wǒmen
　　　　还　 给 李 娜 买了 一 个（　　　　）。这 是
　　　　hái gěi Lǐ Nà mǎile yí ge（　　　　）. Zhè shì
　　　　李 娜（　　　　）在　 中国　 过 生 日，她 特别
　　　　Lǐ Nà（　　　　）zài Zhōngguó guò shēngrì, tā tèbié
　　　　高兴。
　　　　gāoxìng.

二、根据课文内容，介绍大卫去酒吧的情况

According to the text, how was it at the bar where David went?

昨天　 是李 娜 的（　　），　 晚上，　 大卫 和　　　同学们
Zuótiān shì Lǐ Nà de（　　）, wǎnshang, Dàwèi hé tóngxuémen
一起 去（　　）给李娜 过　 生 日 了。他们　 在　 酒 吧（　　）
yìqǐ qù（　　）gěi Lǐ Nà guò shēngrì le. Tāmen zài jiǔbā（　　）
喝 酒，（　　）聊天。 他们（　　）给李娜 买了 一个　 生日
hē jiǔ, （　　）liáo tiān. Tāmen（　　）gěi Lǐ Nà mǎile yí ge shēngrì
蛋糕。 这 是 李 娜 第 一 次 在　 中国　 过 生日，她 特别
dàngāo. Zhè shì Lǐ Nà dì yī cì zài Zhōngguó guò shēngrì, tā tèbié
（　　）。　　 同学们　　 给李娜 唱　 生 日 歌，李 娜 哭了，
（　　）. Tóngxuémen gěi Lǐ Nà chàng shēngrì gē, Lǐ Nà kū le,
还 喝了 很 多 酒。大卫　 昨天（　　）了，是　 同学 送 他
hái hēle hěn duō jiǔ. Dàwèi zuótiān（　　）le, shì tóngxué sòng tā

回（　　）的。

huí（　　）de.

语 言 点 　*Language Points*

一、我们在酒吧一边喝酒，一边聊天

■ "一边……一边……"表示动作同时进行。如：

"一边……一边……" is used to show that motions are carried out simultaneously. For example:

(1) 李娜一边说，一边哭。

　　Lǐ Nà yìbiān shuō, yìbiān kū.

(2) 大卫一边看电视，一边吃饭。

　　Dàwèi yìbiān kàn diànshì, yìbiān chī fàn.

(3) 他一边开车（drive），一边听音乐。

　　Tā yìbiān kāi chē, yìbiān tīng yīnyuè.

◆ 根据下面的词语，用"一边……一边……"写句子

Write down"一边……一边……" sentences with the given words

(1) 看电视 kàn diànshì　　　　打电话 dǎ diànhuà

_____

(2) 骑自行车 qí zìxíngchē　　　唱歌 chàng gē

_____

(3) 吃饭 chī fàn　　　　　　　上网 shàng wǎng

_____

(4) 哭 kū　　　　　　　　　　喝酒 hē jiǔ

_____

二、助词"了"　Auxiliary word "了"

■ "了"放在动词后，可以表示动作的完成。如：

"了" is placed after the verb, showing the completion of the motion. For example:

（1）我们给李娜买了一个生日蛋糕。

　　　Wǒmen gěi Lǐ Nà mǎile yí ge shēngrì dàngāo.

（2）我们用中文唱了一遍，又用英文唱了一遍。

　　　Wǒmen yòng Zhōngwén chàngle yí biàn, yòu yòng Yīngwén chàngle yí biàn.

（3）李娜哭了，还喝了很多酒。

　　　Lǐ Nà kū le, hái hēle hěn duō jiǔ.

■ 如果在问句中，"了"放在句末，或疑问词"吗"前。如：

In interrogative sentences, "了" is placed at the end of the sentence or before the interrogative word "吗". For example:

（4）你去哪儿了？

　　　Nǐ qù nǎr le?

（5）你们做什么了？

　　　Nǐmen zuò shénme le?

（6）你们给李娜唱生日歌了吗？

　　　Nǐmen gěi Lǐ Nà chàng shēngrì gē le ma?

（7）她喝醉了吗？

　　　Tā hēzuì le ma?

■ **注意**：如果动词结构很短，比如"看电影""喝醉"等，可以直接在后边加"了"。如：

Tips: if the verb phrase is quite short, such as "看电影", "喝醉" etc., "了" can be added directly to the end of the sentence. For example:

（8）A：昨天你做什么了？

　　　　Zuótiān nǐ zuò shénme le?

　　B：昨天我看电影了。

　　　　Zuótiān wǒ kàn diànyǐng le.

（9）A：他喝醉了吗？

　　　　Tā hēzuì le ma?

　　B：对，他喝醉了。

　　　　Duì, tā hēzuì le.

1. 把"了"放到下面句子合适的位置

Place "了" in the proper place in the following sentences

（1）昨天你吃什么？

　　Zuótiān nǐ chī shénme?

（2）昨天，我买一台电脑。

　　Zuótiān, wǒ mǎi yì tái diànnǎo.

（3）今天早上，我吃一个苹果（apple）。

　　Jīntiān zǎoshang, wǒ chī yí ge píngguǒ.

（4）昨天，你喝酒吗？

　　Zuótiān, nǐ hē jiǔ ma?

2. 根据提示，完成会话

Complete the dialogues with the given hint

（1）A：今天早饭，你吃什么了？

　　　　Jīntiān zǎofàn, nǐ chī shénme le?

　　B：_____（个 ge，面包 miànbāo, bread）

（2）A：昨天，你做什么了？

　　　　Zuótiān, nǐ zuò shénme le?

　　B：_____（两本书 liǎng běn shū, two books）

Comprehensive Exercises ■ 综合练习

一、选词填空　Choose the proper word and fill in the blanks

| 买　过　用　喝　赢 |

1. 你哪天____生日？

Nǐ nǎ tiān____shēngrì?

2. 你可以____中文唱歌吗？

Nǐ kěyǐ____Zhōngwén chàng gē ma?

3. 我在哪儿可以____蛋糕？

Wǒ zài nǎr kěyǐ____dàngāo?

4. 我喜欢去酒吧____酒。

Wǒ xǐhuan qù jiǔbā____jiǔ.

5. 我打篮球一定会____。

Wǒ dǎ lánqiú yídìng huì____.

二、小组任务：两位同学一组，用下面的问题采访对方

Group task: work in pairs. Interview your partner with the following questions

1. 你喜欢去酒吧吗？

Nǐ xǐhuan qù jiǔbā ma?

2. 你喜欢和谁一起去酒吧？

Nǐ xǐhuan hé shuí yìqǐ qù jiǔbā?

3. 你喜欢坐出租车去酒吧吗？

Nǐ xǐhuan zuò chūzūchē qù jiǔbā ma?

4. 你喜欢在酒吧做什么？

Nǐ xǐhuan zài jiǔbā zuò shénme?

5. 你一般几点回宿舍？

Nǐ yìbān jǐ diǎn huí sùshè?

三、写汉字　Write the Chinese characters

第十课　今天的香蕉便宜
Lesson 10　The bananas are cheap today

根据下面的图片和拼音，认读词语。

Based on the following pictures and Pinyin, read these words.

香蕉（xiāngjiāo）

苹果（píngguǒ）

梨(lí)

西瓜（xīguā）

Words & Phrases　词　　语

1. 香蕉	xiāngjiāo	名	banana
2. 便宜	piányi	形	cheap

93

3. 下课	xià kè		finish class
4. 超市	chāoshì	名	supermarket
5. 水果	shuǐguǒ	名	fruit
6. 听说	tīngshuō	动	be told; hear of
7. 可是	kěshì	连	but
8. 里	lǐ	名	in; inside
9. 贵	guì	形	expensive
10. 块	kuài	量	a measure word
11. 钱	qián	名	money
12. 斤	jīn	量	a measure word
13. 比	bǐ	介	than
14. 一些	yìxiē	数量	some
15. 多少	duōshao	代	how many; how much
16. 怎么	zěnme	代	used in an interrogative sentence to ask about nature, condition, manner or reason
17. 走路	zǒu lù		walk
18. 锻炼	duànliàn	动	exercise
19. 身体	shēntǐ	名	body
20. 经常	jīngcháng	副	often
21. 那儿	nàr	代	there
22. 新鲜	xīnxiān	形	fresh
23. 要	yào	助动	want to; wish to
24. 啊	a	助	modal particle

Word Exercises **词语练习**

词语连线   Match

便	课		经	路
下	宜		走	炼
超	果		锻	些
水	体		一	鲜
身	市		新	常

Text **课   文**

李　娜：大卫，下课以后你去哪儿？

大　卫：我打算去超市买水果，听说今天的香蕉便宜。

李　娜：是吗？我也很喜欢吃香蕉，可是学校里的香蕉很贵，五块钱一斤。

大　卫：超市的香蕉比学校的便宜一些。

李　娜：一斤多少钱？

大　卫：一斤三块五。

李　娜：那我和你一起去超市买香蕉吧。你怎么去超市？

大　卫：我一般走路去超市，因为可以锻炼身体。我经常去超市，因为那儿的水果又便宜又新鲜。

李　娜：那以后我也要经常去超市买水果。

大　卫：好啊。

Lǐ Nà： Dàwèi, xià kè yǐhòu nǐ qù nǎr?

Dàwèi： Wǒ dǎsuàn qù chāoshì mǎi shuǐguǒ, tīngshuō jīntiān de xiāngjiāo piányi.

Lǐ Nà： Shì ma? Wǒ yě hěn xǐhuan chī xiāngjiāo, kěshì xuéxiào li de xiāngjiāo hěn guì, wǔ kuài qián yì jīn.

Dàwèi： Chāoshì de xiāngjiāo bǐ xuéxiào de piányi yìxiē.

Lǐ Nà： Yì jīn duōshao qián?

Dàwèi： Yì jīn sān kuài wǔ.

Lǐ Nà： Nà wǒ hé nǐ yìqǐ qù chāoshì mǎi xiāngjiāo ba. Nǐ zěnme qù chāoshì?

Dàwèi： Wǒ yìbān zǒu lù qù chāoshì, yīnwèi kěyǐ duànliàn shēntǐ. Wǒ jīngcháng qù chāoshì, yīnwèi nàr de shuǐguǒ yòu piányi yòu xīnxiān.

Lǐ Nà： Nà yǐhòu wǒ yě yào jīngcháng qù chāoshì mǎi shuǐguǒ.

Dàwèi： Hǎo a.

大卫下课以后打算去超市买水果，他听说今天的香蕉便宜。学校的香蕉五块钱一斤，可是超市的香蕉三块五一斤。李娜想和大卫一起去超市买香蕉。大卫经常走路去超市，可以锻炼身体，另外，超市的水果又便宜又新鲜。

Dàwèi xià kè yǐhòu dǎsuàn qù chāoshì mǎi shuǐguǒ, tā tīngshuō jīntiān de xiāngjiāo piányi. Xuéxiào de xiāngjiāo wǔ kuài qián yì jīn, kěshì chāoshì de xiāngjiāo sān kuài wǔ yì jīn. Lǐ Nà xiǎng hé Dàwèi yìqǐ qù chāoshì mǎi xiāngjiāo. Dàwèi jīngcháng zǒu lù qù chāoshì, kěyǐ duànliàn shēntǐ, lìngwài, chāoshì de shuǐguǒ yòu piányi yòu xīnxiān.

课文练习

一、根据课文完成对话

Complete the dialogue according to the text

李　娜：大卫，下课以后你去（　　）？

　　　　Dàwèi, xià kè yǐhòu nǐ qù（　　）?

大　卫：我　打算去（　）买　水果，　听说　今天

　　　　Wǒ dǎsuàn qù（　）mǎi shuǐguǒ, tīngshuō jīntiān

　　　　的　香蕉　便宜。

　　　　de xiāngjiāo piányi.

李　娜：是吗？我也很喜欢吃香蕉　可是　学校

　　　　Shì ma? Wǒ yě hěn xǐhuan chī xiāngjiāo, kěshì xuéxiào

　　　　里的　香蕉　很（　　），五块　钱一斤。

　　　　li de xiāngjiāo hěn（　　）, wǔ kuài qián yì jīn.

大　卫：超市　的香蕉（　　）学校　的　便宜一些。

　　　　Chāoshì de xiāngjiāo（　　）xuéxiào de piányi yìxiē.

李　娜：一斤（　　）钱？

　　　　Yì jīn（　　）qián?

大　卫：一斤三块五。

　　　　Yì jīn sān kuài wǔ.

李　娜：那我和你一起去　超市买　香蕉　吧。

　　　　Nà wǒ hé nǐ yìqǐ qù chāoshì mǎi xiāngjiāo ba.

二、根据课文内容，介绍大卫和李娜的对话

According to the text, what have David and Li Na talked about?

下　课以后，大卫（　　）去　超市买　水果，他

Xià kè yǐhòu, Dàwèi（　　）qù chāoshì mǎi shuǐguǒ, tā

听说　今天　的　香蕉　（　　　）。学校　的　香蕉　五（　　　）
tīngshuō jīntiān de xiāngjiāo （　　）. Xuéxiào de xiāngjiāo wǔ （　　）

一（　　　），可是　超市　的　香蕉　（　　　）一斤。李娜　想
yì （　　）, kěshì chāoshì de xiāngjiāo （　　　） yì jīn. Lǐ Nà xiǎng

和　大卫　一起去（　　　）买　香蕉。大卫　经常　（　　　）去
hé Dàwèi yìqǐ qù （　　） mǎi xiāngjiāo. Dàwèi jīngcháng （　　） qù

超市，　可以　（　　　）身体，　另外，　超市　的　水果　又
chāoshì, kéyǐ （　　） shēntǐ, lìngwài, chāoshì de shuǐguǒ yòu

（　　）又（　　　）。
（　　） yòu （　　）.

语言点　Language Points

一、一斤三块五

■ 这类句子中间不需要动词。这类句子还有：

Verbs are not necessary in this kind of sentences. Sentences of this kind are:

(1) 我二十岁（I'm twenty），她十八岁（she's eighteen）。
　　 Wǒ èrshí suì, tā shíbā suì.

(2) 今天星期一。
　　 Jīntiān xīngqīyī.

■ 注意："一斤三块五"跟"三块五一斤"的意思是一样的，只是根据不同的问题进行的回答。如：

Tips: "一斤三块五" means the same as "三块五一斤", but it is used to answer questions asked in different ways. For example:

（3）A：一斤多少钱？

Yì jīn duōshao qián?

B：一斤三块五。

Yì jīn sān kuài wǔ.

（4）A：多少钱一斤？

Duōshao qián yì jīn?

B：三块五一斤。

Sān kuài wǔ yì jīn.

■ 人民币（RMB）的说法　Telling the RMB

1000 → yì qiān（kuài）

200 → liǎng bǎi（kuài）

100 → yì bǎi（kuài）

105 → yì bǎi líng wǔ（kuài）

2 → liǎng kuài

1.2 → yí kuài èr

0.5 → wǔ máo

1. 用所给的词语说一个句子

Make up sentences with the given words

（1）苹果（píngguǒ）　一斤（yì jīn）　5块（wǔ kuài）

_____

（2）可乐（kělè）　一瓶（yì píng）　3块（sān kuài）

_____

（3）电视（diànshì）　一台（yì tái）　5000块（wǔ qiān kuài）

_____

（4）床（chuáng）　一张（yì zhāng）

1500块（yì qiān wǔ bǎi kuài）

_____

2. 完成对话　Complete the dialogues

(1) A：学校的香蕉多少钱一斤？

Xuéxiào de xiāngjiāo duōshao qián yì jīn?

B：＿＿＿＿＿＿＿＿＿＿＿＿＿＿＿＿＿＿。

(2) A：汉语书多少钱一本？

Hànyǔshū duōshao qián yì běn?

B：＿＿＿＿＿＿＿＿＿＿＿＿＿＿＿＿＿＿。

(3) A：你的同桌今年（this year）多大了？

Nǐ de tóngzhuō jīnnián duō dà le?

B：＿＿＿＿＿＿＿＿＿＿＿＿＿＿＿＿＿＿。

(4) A：从北京到上海的飞机票（air ticket）多少钱一张？

Cóng Běijīng dào Shànghǎi de fēijīpiào duōshao qián yì zhāng?

B：＿＿＿＿＿＿＿＿＿＿＿＿＿＿＿＿＿＿。

二、超市的水果又便宜又新鲜

■ "又……又……" 表示两种情况同时存在。如：

"又……又……" is used to show the simultaneous existence of two situations. For example:

(1) 宿舍又小又贵。

Sùshè yòu xiǎo yòu guì.

(2) 骑自行车又快（fast）又可以锻炼身体。

Qí zìxíngchē yòu kuài yòu kěyǐ duànliàn shēntǐ.

◆ 选词填空　Choose the proper word and fill in the blanks

远　麻烦　小　贵　便宜　新鲜　多　吵

(1) 我喜欢去那个超市，因为那儿的水果又＿＿＿＿又＿＿＿＿。

Wǒ xǐhuan qù nà ge chāoshì, yīnwèi nàr de shuǐguǒ
yòu _____ yòu _____.

(2) 我不喜欢住在这儿，房间又____又____。
Wǒ bù xǐhuan zhù zài zhèr, fángjiān yòu____yòu____.

(3) 隔壁的人又____又____。
Gébì de rén yòu____yòu____.

(4) 我不喜欢去那儿，因为没有公共汽车，又____又____。
Wǒ bù xǐhuan qù nàr, yīnwèi méiyǒu gōnggòng qìchē,
yòu____yòu____.

Comprehensive Exercises　综合练习

一、选词填空　Choose the proper word and fill in the blanks

可是	新鲜	比	锻炼	打算

1. 你明天_____去哪儿？
Nǐ míngtiān_____qù nǎr?

2. 他唱歌_____我好。
Tā chàng gē_____wǒ hǎo.

3. 超市的水果很_____。
Chāoshì de shuǐguǒ hěn_____.

4. 我经常晚上_____身体。
Wǒ jīngcháng wǎnshang_____shēntǐ.

5. 他说来我的宿舍，_____没有来。
Tā shuō lái wǒ de sùshè, _____méiyǒu lái.

二、小组任务：两位同学一组，采访对方喜欢在哪儿买东西，买的东西多少钱

Group task: work in pairs. Interview your partner about where he/she likes to go shopping and how much those items are

三、写汉字 Write the Chinese characters

第十一课　汉语很难
Lesson 11　Chinese is very difficult

1. 汉语难不难？

Is Chinese hard to learn?

2. 发音、汉字、语法，哪个最难？

Which is the most difficult, the pronunciation, the character, or the grammar?

1. 难	nán	形	difficult
2. 以前	yǐqián	名	before
3. 学	xué	动	study
4. 多	duō	副	how
5. 长	cháng	形	long
6. 时间	shíjiān	名	time
7. 月	yuè	名	month
8. 觉得	juéde	动	feel
9. 对……来说	duì……láishuō		to
10. 声调	shēngdiào	名	intonation
11. 语法	yǔfǎ	名	grammar
12. 发音	fāyīn	名、动	pronunciation

13. 大家	dàjiā	代	everybody
14. 努力	nǔlì	形	be hard at work or study
15. 进步	jìnbù	动	progress; advance; improve
16. 办法	bànfǎ	名	way; means
17. 听	tīng	动	listen
18. 说	shuō	动	say; speak
19. 读	dú	动	read
20. 写	xiě	动	write
21. 非常	fēicháng	副	very
22. 记住	jìzhù	动	remember
23. 问	wèn	动	ask
24. 认为	rènwéi	动	think; consider

专有名词　Proper noun

| 汉字 | Hànzì | | Chinese character |

词语练习　Word Exercises

词语连线　Match

觉　　　　　法　　　　　　　发　　　　　法
声　　　　　字　　　　　　　努　　　　　步
汉　　　　　得　　　　　　　进　　　　　力
语　　　　　调　　　　　　　办　　　　　音

王老师：大卫，来中国以前，你学过多长时间的汉语？

大　卫：我学过一个月的汉语。

王老师：你觉得汉语难吗？

大　卫：当然，我觉得汉语很难。

王老师：对你来说，声调、汉字、语法，什么最难？

大　卫：我觉得汉字最难。

王老师：美娜，你觉得呢？

美　娜：对我来说，汉字不太难，发音最难，特别是声调。

王老师：同学们，汉语是很难，可是我觉得大家学习都很努力，进步都很大。

学生们：谢谢老师。

王老师：大家知道学习汉语有什么好办法吗？

大　卫：我的中国朋友告诉我，要多听、多说、多读、多写。

王老师：大卫说的"四多"非常好，大家一定要记住。

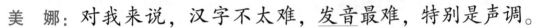

Wáng lǎoshī：Dàwèi，lái Zhōngguó yǐqián，nǐ xuéguo duō cháng shíjiān de Hànyǔ?

Dàwèi：Wǒ xuéguo yí ge yuè de Hànyǔ.

Wáng lǎoshī：Nǐ juéde Hànyǔ nán ma?

Dàwèi：Dāngrán，wǒ juéde Hànyǔ hěn nán.

Wáng lǎoshī：Duì nǐ láishuō，shēngdiào、Hànzì、yǔfǎ，shénme zuì nán?

Dàwèi：Wǒ juéde Hànzì zuì nán.

Wáng lǎoshī：Měinà, nǐ juéde ne?

Měinà：Duì wǒ láishuō, Hànzì bú tài nán, fāyīn zuì nán, tèbié shì shēngdiào.

Wáng lǎoshī：Tóngxuémen, Hànyǔ shì hěn nán, kěshì wǒ juéde dàjiā xuéxí dōu hěn nǔlì, jìnbù dōu hěn dà.

Xuéshengmen：Xièxie lǎoshī.

Wáng lǎoshī：Dàjiā zhīdào xuéxí Hànyǔ yǒu shénme hǎo bànfǎ ma?

Dàwèi：Wǒ de Zhōngguó péngyou gàosu wǒ, yào duō tīng、duō shuō、duō dú、duō xiě.

Wáng lǎoshī：Dàwèi shuō de "sì duō" fēicháng hǎo, dàjiā yídìng yào jìzhù.

　　汉语很难，对大卫来说，汉字最难。对美娜来说，汉字不太难，发音最难。老师认为大家学习都很努力，进步都很大。他问大家汉语学习的好办法，大卫说要多听、多说、多读、多写。老师认为这"四多"非常好，同学们一定要记住。

　　Hànyǔ hěn nán, duì Dàwèi láishuō, Hànzì zuì nán. Duì Měinà láishuō, Hànzì bú tài nán, fāyīn zuì nán. Lǎoshī rènwéi dàjiā xuéxí dōu hěn nǔlì, jìnbù dōu hěn dà. Tā wèn dàjiā Hànyǔ xuéxí de hǎo bànfǎ, Dàwèi shuō yào duō tīng、duō shuō、duō dú、duō xiě. Lǎoshī rènwéi zhè "sì duō" fēicháng hǎo, tóngxuémen yídìng yào jìzhù.

课文练习　Text Exercises

一、根据课文完成对话

Complete the dialogue according to the text

王老师：你 觉得　汉语　难　吗？
　　　　Nǐ juéde Hànyǔ nán ma?

大　卫：（　　），我 觉得　汉语　很　难。
　　　　（　　）, wǒ juéde Hànyǔ hěn nán.

王老师：对　你　来说，　　声调、　　汉字、　语法，　　什么
　　　　Duì nǐ láishuō, shēngdiào、Hànzì、yǔfǎ, shénme
　　　　（　　）难？
　　　　（　　）nán?

大　卫：我 （　　）汉字　最　难。
　　　　Wǒ （　　）Hànzì zuì nán.

王老师：美娜，　你　觉得　呢？
　　　　Měinà, nǐ juéde ne?

美　娜：对 （　　）来说，　汉字 不太　难，（　　）最　难，
　　　　Duì （　　）láishuō, Hànzì bú tài nán, （　　）zuì nán,
　　　　特别　是　声调。
　　　　tèbié shì shēngdiào.

二、根据课文内容，填写下面的空格

Fill in the blanks according to the text

老师　认为　大家 学习 都 很 （　　），进步　都 （　　）。
Lǎoshī rènwéi dàjiā xuéxí dōu hěn （　　）, jìnbù dōu （　　）.
他　问　大家 汉语　学习 的 好 （　　），大卫　说 要 多
Tā wèn dàjiā Hànyǔ xuéxí de hǎo （　　）, Dàwèi shuō yào duō
（　　）、多 （　　）、多 （　　）、多 （　　）。老师　认为
（　　）、duō （　　）、duō （　　）、duō （　　）. Lǎoshī rènwéi

这　　"四多"　　非常　好，　　　同学们　　一定 要 记住。
zhè "sì duō" fēicháng hǎo, tóngxuémen yídìng yào jìzhù.

语 言 点　Language Points

一、我学过一个月的汉语

■ 汉语中有一些词语，如"看电视""学汉语"等，如果要表示时间的长短时，可把时间词放在动词和名词的中间。如：
Time expressions are placed between the verb and noun when they are used to express the time span in certain expressions like "看电视", "学汉语", etc.. For example:

A：你看了多长时间的电视？
　　Nǐ kànle duō cháng shíjiān de diànshì?

B：我看了三个小时的电视。
　　Wǒ kànle sān ge xiǎoshí de diànshì.

◆ 完成下面的对话　Complete the following dialogues

(1) A：你看了多长时间的书？
　　　Nǐ kànle duō cháng shíjiān de shū?

B：＿＿＿＿＿＿＿＿＿＿＿＿＿＿＿＿。

(2) A：你游了多长时间的泳？
　　　Nǐ yóule duō cháng shíjiān de yǒng?

B：＿＿＿＿＿＿＿＿＿＿＿＿＿＿＿＿。

(3) A：你上了多长时间的网？
　　　Nǐ shàngle duō cháng shíjiān de wǎng?

B：＿＿＿＿＿＿＿＿＿＿＿＿＿＿＿＿。

（4）A：你打了多长时间篮球？

　　　Nǐ dǎle duō cháng shíjiān lánqiú?

　　B：＿＿＿＿＿＿＿＿＿＿＿＿＿＿＿。

（5）A：你吃了多长时间的早饭？

　　　Nǐ chīle duō cháng shíjiān de zǎofàn?

　　B：＿＿＿＿＿＿＿＿＿＿＿＿＿＿＿。

（6）A：你睡了多长时间的觉？

　　　Nǐ shuìle duō cháng shíjiān de jiào?

　　B：＿＿＿＿＿＿＿＿＿＿＿＿＿＿＿。

（7）A：你做了多长时间的作业？

　　　Nǐ zuòle duō cháng shíjiān de zuòyè?

　　B：＿＿＿＿＿＿＿＿＿＿＿＿＿＿＿。

（8）A：你逛了多长时间的街？

　　　Nǐ guàngle duō cháng shíjiān de jiē?

　　B：＿＿＿＿＿＿＿＿＿＿＿＿＿＿＿。

二、对你来说，声调、汉字、语法，什么最难

■　"对……来说"意思是从某人的角度来看。如：

"对……来说" means to consider a person from a certain perspective. For example:

（1）对大卫来说，汉语的发音很难。

　　　Duì Dàwèi láishuō, Hànyǔ de fāyīn hěn nán.

（2）对我来说，语法最难。

　　　Duì wǒ láishuō, yǔfǎ zuì nán.

◆ 用"对……来说"回答问题

Answer the questions with "对……来说"

(1) A：对日本人来说，汉字难不难？

Duì Rìběnrén láishuō, Hànzì nán bu nán?

B：_____。

(2) A：对英国人来说，汉字难不难？

Duì Yīngguórén láishuō, Hànzì nán bu nán?

B：_____。

(3) A：对汉语老师来说，汉语难不难？

Duì Hànyǔ lǎoshī láishuō, Hànyǔ nán bu nán?

B：_____。

(4) A：对你来说，六点起床早不早？

Duì nǐ láishuō, liù diǎn qǐ chuáng zǎo bu zǎo?

B：_____。

三、发音最难，特别是声调

■ "特别是"表示从同类事物中提出某一事物加以说明或强调。如：
"特别是" is used to furtherly explain or emphasize one point among others of the same kind. For example:

(1) 我喜欢吃水果，特别是香蕉。

Wǒ xǐhuan chī shuǐguǒ, tèbié shì xiāngjiāo.

(2) 汉语很难，特别是汉字。

Hànyǔ hěn nán, tèbié shì Hànzì.

◆ 用"特别是"完成句子

Complete the sentences with "特别是"

(1) 我喜欢中国，_____。

Wǒ xǐhuan Zhōngguó

（2）我喜欢运动，_____。

Wǒ xǐhuan yùndòng

（3）对我来说，汉语很难，_____。

Duì wǒ láishuō，Hànyǔ hěn nán

（4）我喜欢走路，不喜欢坐车，_____。

Wǒ xǐhuan zǒu lù，bù xǐhuan zuò chē

Comprehensive Exercises 综合练习

一、选词填空   Choose the proper word and fill in the blanks

觉得	知道	努力	进步	办法	记住

1. 你_____在北京大学学汉语好吗？

Nǐ_____zài Běijīng Dàxué xué Hànyǔ hǎo ma?

2. 大卫_____很多酒吧的名字。

Dàwèi_____hěn duō jiǔbā de míngzi.

3. 听说李娜一天可以_____100个汉字。

Tīngshuō Lǐ Nà yì tiān kěyǐ_____yì bǎi ge Hànzì.

4. 山本学习很_____，他的_____很大。

Shānběn xuéxí hěn_____，tā de_____hěn dà.

5. 你可以告诉我学习声调的好_____吗？

Nǐ kěyǐ gàosu wǒ xuéxí shēngdiào de hǎo_____ma?

二、小组任务：两位同学一组，采访对方。可以参考下面的题目

Group tasks: work in pairs and interview each other. The following
questions can be referred to

1. 你觉得汉语什么最难？

Nǐ juéde Hànyǔ shénme zuì nán?

2. 你觉得汉语什么最不难？

Nǐ juéde Hànyǔ shénme zuì bù nán?

3. 你有学习汉语的好办法吗？

Nǐ yǒu xuéxí Hànyǔ de hǎo bànfǎ ma?

4. 你一天可以记住多少个汉字？

Nǐ yì tiān kěyǐ jìzhù duōshao ge Hànzì?

三、写汉字 Write the Chinese characters

第十二课 欢送会
Lesson 12 Farewell party

1. 你参加过欢送会吗？

Have you ever attended a farewell party?

2. 你在中国学习了多长时间？你喜欢中国吗？

How long have you been studying Chinese in China? Do you like China?

3. 现在就要回国了，你最想说什么？

What do you want to say most since you are about to return to your country?

Words & Phrases 词　语

1. 欢送	huānsòng	动	see off; send off	
2. 会	huì	名	meeting	
3. 得	de	助	used after a verb or an adjective for further explanation	
4. 真	zhēn	副	really; truly; indeed	
5. 快	kuài	形	fast	
6. 就	jiù	副	used after a word or phrase denoting that time is early; fast or short	
7. 再见	zàijiàn	动	good-bye	

8. 刚	gāng	副	just
9. 只	zhǐ	副	only; merely
10. 跟	gēn	介	with
11. 菜	cài	名	dish
12. 鱼香肉丝	yúxiāng ròusī		fish-flavored shredded pork
13. 宫保鸡丁	gōngbǎo jīdīng		stirgried spicy chicken with peanuts and green peppers
14. 有名	yǒumíng	形	famous
15. 地方	dìfang	名	place
16. 漂亮	piàoliang	形	beautiful
17. 有意思	yǒu yìsi		interesting
18. 祝	zhù	动	wish
19. 健康	jiànkāng	形	health
20. 快乐	kuàilè	形	happy
24. 想	xiǎng	动	miss

专有名词　Proper noun

故宫	Gùgōng		The Imperial Palace; the Palace Museum; the Forbidden City

词语练习　*Word Exercises*

回答问题　Answer these questions

1. 你 觉得 在 中国 时间 过 得 快 吗？

Nǐ juéde zài Zhōngguó shíjiān guò de kuài ma?

2. 你 什么 时候 回 国？

Nǐ shénme shíhou huí guó?

3. 你 可以 用　中文　跟　同学　聊天　吗?

　　Nǐ kěyǐ yòng Zhōngwén gēn tóngxué liáo tiān ma?

4. 你 去过 哪些　有名　的 地方? 哪儿 最　漂亮?

　　Nǐ qùguo nǎxiē yǒumíng de dìfang? Nǎr zuì piàoliang?

5. 你 觉得　什么　运动　最 有意思?

　　Nǐ juéde shénme yùndòng zuì yǒu yìsi?

6. 你 会 用　中文　唱 "祝 你 生日　快乐" 吗?

　　Nǐ huì yòng Zhōngwén chàng "zhù nǐ shēngrì kuàilè" ma?

7. 你 想　家 的 时候, 会 做　什么?

　　Nǐ xiǎng jiā de shíhou, huì zuò shénme?

Text 课　文

(大卫就要回国了。在欢送会上，他说……　David is about to return to his country. At the farewell party, he says...)

时间过得真快! 明天我就要回国了。可是我不想说再见。

我要谢谢我的老师和中国朋友。刚来中国的时候，我只会说"你好""谢谢"和"再见"。可是现在，我可以用中文跟中国人聊天了，我真高兴!

我喜欢吃中国菜，特别是鱼香肉丝和宫保鸡丁。我还去了北京很多有名的地方，故宫啦，颐和园啦，

都非常<u>漂亮</u>！在中国，每天我都过得非常<u>有意思</u>！

祝你们<u>健康</u>、<u>快乐</u>！我会<u>想</u>你们的！

Shíjiān guò de zhēn kuài! Míngtiān wǒ jiù yào huí guó le. Kěshì wǒ bù xiǎng shuō zàijiàn.

Wǒ yào xièxie wǒ de lǎoshī hé Zhōngguó péngyou. Gāng lái Zhōngguó de shíhou, wǒ zhǐ huì shuō "nǐ hǎo" "xièxie" hé "zàijiàn". Kěshì xiànzài, wǒ kěyǐ yòng Zhōngwén gēn Zhōngguórén liáo tiān le, wǒ zhēn gāoxìng!

Wǒ xǐhuan chī Zhōngguócài, tèbié shì yúxiāng ròusī hé gōngbǎo jīdīng. Wǒ hái qùle Běijīng hěn duō yǒumíng de dìfang, Gùgōng la, Yíhé Yuán la, dōu fēicháng piàoliang! Zài Zhōngguó, měi tiān wǒ dōu guò de fēicháng yǒu yìsi!

Zhù nǐmen jiànkāng、kuàilè! Wǒ huì xiǎng nǐmen de!

课文练习 *Text Exercises*

一、朗读课文，回答问题
Read the text and answer these questions

1. 大卫　什么　时候　回国？他　想　回　国　吗？
   Dàwèi shénme shíhou huí guó? Tā xiǎng huí guó ma?

2. 大卫　要　谢谢　哪些　人？为　什么　要　谢　他们？
   Dàwèi yào xièxie nǎxiē rén? Wèi shénme yào xiè tāmen?

3. 大卫　的　汉语　现在　怎么样(how about)？他　高兴　吗？
   Dàwèi de Hànyǔ xiànzài zěnmeyàng?　　Tā gāoxìng ma?

4. 大卫　喜欢　中国菜　吗？
   Dàwèi xǐhuan Zhōngguócài ma?

5. 大卫　去　哪儿　玩儿　了？
   Dàwèi qù　nǎr　wánr le?

6. 在　　中国，　　大卫　过得　怎么样？
   Zài Zhōngguó, Dàwèi guò de zěnmeyàng?

7. 大卫　会　想　老师　吗？
   Dàwèi huì xiǎng lǎoshī ma?

二、根据课文内容，介绍大卫的情况

Make a brief introduction of David according to the text

我　喜欢（　　）　中国菜，　（　　）是　鱼香　肉丝　和
Wǒ xǐhuan（　　）Zhōngguócài,（　　）shì yúxiāng ròusī hé
宫保　鸡丁。我　还去了　北京　很　多　有名　的（　　），
gōngbǎo jīdīng. Wǒ hái qùle Běijīng hěn duō yǒumíng de（　　），
故宫　啦，颐和　园　啦，都　非常（　　）! 在　　中国，
Gùgōng la, Yíhé Yuán la, dōu fēicháng（　　）! Zài Zhōngguó,
每　天　我　都（　　）得　非常　有　意思!
měi tiān wǒ dōu（　　）de fēicháng yǒu yìsi!

语 言 点

时间过得真快

■ "动词＋得＋副词＋形容词"中"得"后的"副词＋形容词"主要表示动作的结果状态。注意，"得"后的形容词前一般要加副词，但在对举、比较时或在疑问句中，形容词可以单独使用。如：

In the sentence structure, "V.+ 得 +adverb +adjective", the "adverb + adjective" after "得" is used to express the state of the result of the motion. Tips: adverbs are usually used to modify the adjectives which are after "得". The single adjectives can be used as model verbs only in comtrastive and conparative structures or interrogative sentence. For example:

(1) 在中国，每天我都过得非常有意思！

Zài Zhōngguó, měi tiān wǒ dōu guò de fēicháng yǒu yìsi!

(2) 我每天都睡得很晚。

Wǒ měi tiān dōu shuì de hěn wǎn.

(3) 我们一起学汉语，他学得好，我学得不好。

Wǒmen yìqǐ xué Hànyǔ, tā xué de hǎo, wǒ xué de bù hǎo.

(4) 我以前唱歌唱得好，现在唱不好了。

Wǒ yǐqián chàng gē chàng de hǎo, xiànzài chàng bu hǎo le.

1. 在动词后加上合适的 "副词+形容词" 结构
Add "adverb+adjective" structure to the verb phrase

起得_____	写得_____	玩儿得_____
qǐ de	xiě de	wánr de
唱得_____	说得_____	学得_____
chàng de	shuō de	xué de

2. 用 "动词+得+副词+形容词" 回答问题
Answer the questions with " V. + 得 +adverb +adjective" structure

(1) A：你每天起得早吗？

Nǐ měi tiān qǐ de zǎo ma?

B：_____

(2) A：她唱歌唱得怎么样？

Tā chàng gē chàng de zěnmeyàng?

B：_____

(3) A：大卫的汉语说得流利 (fluent) 吗？

Dàwèi de Hànyǔ shuō de liúlì ma?

B：_____

(4) A：你在中国过得怎么样？

Nǐ zài Zhōngguó guò de zěnmeyàng?

B：_____

■ "真" 是一个表示感叹语气的程度副词，可以与形容词一起做补语，做谓语，但是不能做定语。例如：

"真" is a degree adverb to show exclamation. It can be used as complement and predicate together with adjectives, but can not be used as attribute. For example:

(1) 北京大学真漂亮！

Běijīng Dàxué zhēn piàoliang!

(2) 姚明的个子真高！

Yáo Míng de gèzi zhēn gāo!

(3) 她的汉语说得真好！

Tā de Hànyǔ shuō de zhēn hǎo!

不能说：It is wrong to say：

(4) 北京大学是真漂亮的大学。（×）

Běijīng Dàxué shì zhēn piàoliang de dàxué.

(5) 姚明是真高的中国人。（×）

Yáo Míng shì zhēn gāo de Zhōngguórén.

1. 判断下列句子的正误，并把错误的改正过来

Judge the following sentences true or false, and then correct the false ones

(1) 她是一个真漂亮的女孩儿（girl）。

Tā shì yí ge zhēn piàoliang de nǚháir.

_____

(2) 中国是人口（population）真多的国家。

Zhōngguó shì rénkǒu zhēn duō de guójiā.

_____

(3) 他住的真大的房间。

Tā zhù de zhēn dà de fángjiān.

_____

(4) 她唱歌得真好。

Tā chàng gē de zhēn hǎo.

_____

2. 用"真+形容词"完成句子

Complete the sentences with "真+adj."

我在北京住了六个月了，吃了很多中国菜。中国菜_____！我还去了长城、故宫，长城_____！我的汉语也说比以前更好了。我_____！

Wǒ zài Běijīng zhùle liù ge yuè le，chīle hěn duō Zhōngguócài，Zhōngguócài _____！ Wǒ hái qùle Chángchéng、Gùgōng，Chángchéng_____！ Wǒ de Hànyǔ yě shuō de bǐ yǐqián gèng hǎo le. Wǒ_____！

综合练习　_Comprehensive Exercises_

一、选词填空　Chooese the proper word and fill in the blanks

1.

真	回	吃	聊	去	来	想

我____中国两个月了，____了很多中国菜，____了很多地方。我现在可以用汉语跟中国人____天了，我____高兴！我就要____国了，我会____中国老师和同学的。

Wǒ _____Zhōngguó liǎng ge yuè le, _____le hěn duō Zhōngguócài, ____le hěn duō dìfang. Wǒ xiànzài kěyǐ yòng Hànyǔ gēn Zhōngguórén_____tiān le, wǒ_____gāoxìng! Wǒ jiù yào____ guó le, wǒ huì____Zhōngguó lǎoshī hé tóngxué de.

2.

健康　用　特别　打算　祝　跟　刚　高兴

(1) 我昨天_____到北京。

　　 Wǒ zuótiān_____dào Běijīng.

(2) 我喜欢_____中文聊天。

　　 Wǒ xǐhuan_____Zhōngwén liáo tiān.

(3) 大卫经常_____中国朋友一起吃饭。

　　 Dàwèi jīngcháng_____Zhōngguó péngyou yìqǐ chī fàn.

(4) 昨天晚上，我们班的同学都玩儿得很_____。

　　 Zuótiān wǎnshang, wǒmen bān de tóngxué dōu wánr de hěn_____.

(5) 我在不高兴的时候_____想家。

　　 Wǒ zài bù gāoxìng de shíhou_____xiǎng jiā.

(6) 他_____在中国学三个月汉语。

　　 Tā_____zài Zhōngguó xué sān ge yuè Hànyǔ.

(7) _____你生日快乐！

　　 _____nǐ shēngrì kuàilè!

(8) 你每天吃得太多，会不_____。

　　 Nǐ měi tiān chī de tài duō, huì bú_____.

三、写汉字　Write the Chinese characters

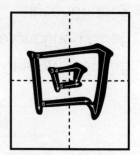

词语总表
Vocabulary

	A			
啊	a	助		10
爱好	àihào	名		8
安排	ānpái	动		5

	B			
吧	ba	助		5
班（级）	bān (jí)	名		2
办法	bànfǎ	名		11
半	bàn	数		4
帮忙	bāng máng			7
比	bǐ	动		8
比	bǐ	介		10
遍	biàn	量		9
冰箱	bīngxiāng	名		3
不	bù	副		1

	C			
菜	cài			12
长	cháng	形		11
唱歌	chàng gē			8
超市	chāoshì	名		10
吵	chǎo	形		7
吃	chī	动		4
出去	chū qù			5

出租车	chūzūchē	名		6
床	chuáng	名		3
次	cì	量		1
从……到……	cóng……dào……			6

	D			
打	dǎ	动		4
打电话	dǎ diànhuà			7
打算	dǎsuàn	动		5
大	dà	形		3
大家	dàjiā	代		11
蛋糕	dàngāo	名		9
当然	dāngrán	副		9
得	de	助		12
的	de	助		1
灯	dēng	名		7
地方	dìfang	名		12
地铁	dìtiě	名		6
第	dì	头		1
点	diǎn	量		4
电视	diànshì	名		3
电影	diànyǐng	名		5
都	dōu	副		3
读	dú	动		11

123

锻炼	duànliàn	动	10		好	hǎo	形	1
对……来说	duì……láishuō		11		好玩儿	hǎowánr	形	9
多	duō	副	11		喝	hē	动	9
多	duō	形	6		和	hé	连	5
多少	duōshao	代	10		很	hěn	副	3

E

二	èr	数	2		坏	huài	形	7

F

					欢送	huānsòng	动	12
发音	fāyīn	名、动	11		回	huí	动	9
房间	fángjiān	名	3		会	huì	助动	9
非常	fēicháng	副	11		会	huì	名	12

G

J

刚	gāng	副	12		几	jǐ	数	2
高兴	gāoxìng	形	9		记住	jìzhù	动	11
告诉	gàosu	动	7		家	jiā	名	6
歌厅	gētīng	名	8		健康	jiànkāng	形	12
隔壁	gébì	名	7		叫	jiào	动	1
个	gè	量	2		介绍	jièshào	动	2
给	gěi	介	9		斤	jīn	量	10
跟	gēn	介	12		今天	jīntiān	名	9
公共汽车	gōnggòng qìchē		6		进步	jìnbù	动	11
宫保鸡丁	gōngbǎo jīdīng		12		经常	jīngcháng	副	10
逛街	guàng jiē		5		酒	jiǔ	名	9
贵	guì	形	10		酒吧	jiǔbā	名	9
国	guó	名	2		就	jiù	副	12
过	guò	动	9		觉得	juéde	动	11
过	guo	助	8					

H

K

					看	kàn	动	5
还	hái	副	3		可是	kěshì	连	10
还	hái	副	6		可以	kěyǐ	助动	6
还是	háishi	连	5		空儿	kòngr	名	8
					哭	kū	动	9

块	kuài	量	10	难	nán	形	11
快	kuài	形	12	呢	ne	助	3
快乐	kuàilè	形	12	能	néng	助动	6

<h2 style="text-align:center">L</h2>

啦	la	助	8	你	nǐ	代	1
来	lái	动	1	您	nín	代	1
篮球	lánqiú	名	4	努力	nǔlì	形	11

| 老师 | lǎoshī | 名 | 1 |

<h2 style="text-align:center">P</h2>

了	le	助	6	跑步	pǎo bù		8
离	lí	动	6	朋友	péngyou	名	2
里	lǐ	名	10	漂亮	piàoliang	形	12
两	liǎng	数	3	便宜	piányi	形	10

<h2 style="text-align:center">Q</h2>

亮	liàng	动、形	7	骑	qí	动	6
聊天	liáo tiān		9	起床	qǐ chuáng		4
另外	lìngwài	连	8	钱	qián	名	10
留学生	liúxuéshēng	名	7	请	qǐng	动	7
旅行	lǚxíng	动	5	去	qù	动	5

<h2 style="text-align:center">M</h2>

<h2 style="text-align:center">R</h2>

麻烦	máfan	名、动、形	7	人	rén	名	1
吗	ma	助	1	认为	rènwéi	动	11

| 买 | mǎi | 动 | 9 |

<h2 style="text-align:center">S</h2>

没有	méiyǒu	动	3	上班	shàng bān		6
每	měi	代	4	上课	shàng kè		6
们	men	尾	1	上网	shàng wǎng		4
名字	míngzi	名	1	身体	shēntǐ	名	10

<h2 style="text-align:center">N</h2>

				什么	shénme	代	1
哪	nǎ	代	2	生活	shēnghuó	名	4
哪儿	nǎr	代	3	生日	shēngrì	名	9
那	nà	代	2	声调	shēngdiào	名	11
那	nà	连	9	声音	shēngyīn	名	7
那儿	nàr	代	10	时候	shíhou	名	5

时间	shíjiān	名	11
事	shì	名	7
是	shì	动	1
谁	shuí	代	2
水果	shuǐguǒ	名	10
睡觉	shuì jiào		4
说	shuō	动	11
送	sòng	动	9
宿舍	sùshè	名	3

T

他	tā	代	1
她	tā	代	2
台	tái	量	3
太	tài	副	6
特别	tèbié	副	7
踢	tī	动	8
天	tiān	名	4
天气	tiānqì	名	5
跳舞	tiào wǔ		8
听	tīng	动	11
听说	tīngshuō	动	10
同学	tóngxué	名	1
同桌	tóngzhuō	名	2

W

外面	wàimian	名	6
玩（儿）	wán (r)	动	5
晚上	wǎnshang	名	4
网球	wǎngqiú	名	8
维修员	wéixiūyuán	名	7
为什么	wèi shénme		6
喂	wèi	叹	7

问	wèn	动	11
问题	wèntí	名	7
我	wǒ	代	1

X

习惯	xíguàn	名	4
喜欢	xǐhuan	动	6
下课	xià kè		10
下午	xiàwǔ	名	4
香蕉	xiāngjiāo	名	10
想	xiǎng	助动	5
想	xiǎng	动	12
向	xiàng	介	2
小	xiǎo	形	7
写	xiě	动	11
谢谢	xièxie	动	4
新鲜	xīnxiān	形	10
姓	xìng	动	2
修	xiū	动	7
学	xué	动	11
学习	xuéxí	动	5
学校	xuéxiào	名	3

Y

要	yào	助动	10
也	yě	副	2
一	yī	数	1
一般	yìbān	形	4
一边……	yìbiān……		
一边……	yìbiān……		9
一点儿	yìdiǎnr	数量	7
一定	yídìng	副	9
一起	yìqǐ	副	5

一些	yìxiē	数量	10
衣柜	yīguì	名	3
以后	yǐhòu	名	8
以前	yǐqián	名	11
因为	yīnwèi	连	6
赢	yíng	动	9
用	yòng	动	9
游泳	yóu yǒng		8
有	yǒu	动	3
有名	yǒumíng	形	12
有时候	yǒu shíhou		5
有意思	yǒu yìsi		12
又	yòu	副	9
鱼香肉丝	yúxiāng ròusī		12
语法	yǔfǎ	名	11
远	yuǎn	形	6
月	yuè	名	11
运动	yùndòng	动	5

Z			
再见	zàijiàn	动	12
在	zài	介	3
在	zài	动	7
咱们	zánmen	代	5

早饭	zǎofàn	名	4
怎么	zěnme	代	10
张	zhāng	量	3
这	zhè	代	2
真	zhēn	副	12
知道	zhīdào	动	9
只	zhǐ	副	12
周末	zhōumò	名	5
住	zhù	动	3
住处	zhùchù	名	7
祝	zhù	动	12
桌子	zhuōzi	名	3
自行车	zìxíngchē	名	6
走路	zǒu lù		10
足球	zúqiú	名	8
最	zuì	副	8
最近	zuìjìn	名	6
醉	zuì	形	9
昨天	zuótiān	名	9
作业	zuòyè	名	4
坐	zuò	动	6
做	zuò	动	4

专有名词   Proper nouns

C		
长城	Chángchéng	5

D		
大卫	Dàwèi	1

G		
故宫	Gùgōng	12

H		
汉语	Hànyǔ	1
汉字	Hànzì	11

L		
李	Lǐ	2
李娜	Lǐ Nà	2

刘峰	Liú Fēng	8

M		
美国	Měiguó	1
美娜	Měinà	6

R		
日本	Rìběn	2

S		
山本	Shānběn	2

W		
王	Wáng	1
王平	Wáng Píng	1

Y		
英国	Yīngguó	1
英文	Yīngwén	9

Z		
中国	Zhōngguó	1
中文	Zhōngwén	9